整骨院・接骨院 完全自費移行 戦略マニュアル

細谷隆広

どん底院長が実践した接骨院再建テクニック

Parade Books

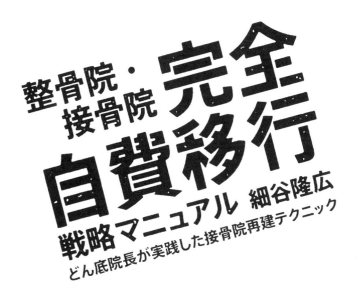

目次

まえがき

治療家の多くは、外の世界を知らない。

高校を出てすぐに専門学校に行き、卒業したら治療院に勤務する。一般企業に身を置いたことがない人が多いだけに、世の中が判らない。この業界という狭い範囲でしか、世間を見ることができないし、発想することがない。そのため経営的な見方、数値による評価・判断という視点を持っていない。あまりに、ものを知らなすぎる。

多くの治療院が経営に苦しみ、それをどう改善すれば良いのか判らずに、院長が頭を抱えるばかり……。こうした状況の原因として、「治療家がものを知らない」という点が大きいといえよう。

たとえば売上を上げたいと考え、患者さんを増やそうと考える。治療側の稼働率がさほど高くないなら、まずは患者数を増やすのが早道だ。では患者さんを集めよう、と考える。ここまではいい。

ところが、多くの治療家は集客のために技術セミナーに通い、新しい技術を身につけようとする。「腕を上げれば患者さんは増える」、この短絡思考に陥っているためだが、そもそもこれが間違いだ。治療技術と来院患者数は、直接結びつくものではない。

もちろん技術力の向上は決して悪いことではない。悪いことではないが、時間とコストをかけて技術を習得したならば、それを売上に反映しなくては帳尻が合わない。当たり前のことなのだが、別に値上げをするわけでもなく、従来通りの料金体系で治療を続けている。

これでは技術力の向上のためにかけたコストが回収できない。それに従来よりも技術が上がったということは、患者さんに提供する治療の価値が上がったということだ。価値が上がったのに料金据え置きとは、いったいどういうつもりなのか？

やることなすこと、すべてがちぐはぐなのだ。

多くの治療家には、経営やマーケティングの視点が欠けている。せめてそれに気づき、その視点を持つことの意味を知ってもらいたい。そうでないと治療院の経営はおぼつかないし、あなた自身はもちろん、あなたの院で働くスタッフたち、さらには業界全体のためにもならないからだ。

そのための一助として、私は本書の執筆を思い立った。
この一冊の中には、私がこれまでの経験で得てきた多くの事柄のエッセンスを、凝縮して詰め込んである。必ずや、あなたの役に立つものと信じている。

整骨院自費移行請負人　細谷隆広

第一章

整骨院をとりまく厳しい現実

自由診療への移行が、経営回復への道

接骨院・整骨院は、今やその多くが運営に苦しんでいる。それは今に始まったことではなく、しかも全国的に事情は同様だ。私は治療院向けの経営塾を主宰しているが、そこで聞こえるのはため息ばかりで、景気のいい話はほとんどない。本書を手にとってくださったあなた自身も、似たような状況だろう。

だが最初に申し上げておくが、そのような状況の中でも、巻き返しはできる。患者数を増やし、時間当たりの単価を上げ、低迷していた売上をグングン伸ばしていくことは現実に可能だ。

私自身、自分の院の経営に苦しみ、一時は「もう後がない」という状況にまで追い詰められた。月の売上は五〇～六〇万、そこからもろもろの経費を差し引けば、手元に残る自分の給料がいくらになるか。院の経営者であるあなたなら、おおよその見当はつくだろう。

それでも妻と二人の子どもを飢えさせるわけにはいかない。貯金を少しずつ切り崩し、なんとか生活をつないでいくが、それにも限度がある。日一日と目減りしていく貯金額

を横目で見ながら、どうすればいいのかも判らずにいた……それが当時の私だった。

だがそんな私が半年後には、月間売上二五〇万を達成した。そしてその後も着々と売上を伸ばし、安定した収益を確保できている。もちろん魔法を使ったわけではないし、何か特別なことをしたわけでもない。保険診療から脱却し、自費診療へと移行する。たったこれだけのことなのだ。

治療家が置かれている厳しい現実

自費診療への移行は、誰にでもできる。私はそう考えている。ただ、治療家の方々の中には「保険診療を切り捨てるなんて、そんなことができるものか」とお考えの先生もおられるだろう。

それはそれで一つの見識であり、否定するつもりはまったくない。だが私は自分自身の経験から、保険診療にかかずらっていたのでは、自院の発展は望めないと考えている。

……もっとハッキリ言えば、保険診療は自院の足を引っ張るばかりだ。一つとして良いことはない。できることなら完全にやめるべきだし、それでこそ治療院経営の展望が開けていく。

自院を開きさえすれば黙っていても患者さんが集まり、数年以内に一戸建てと新車のメルセデスが保証されていた昭和の頃とは違うのだ。今の状況をよく見回し、その上で将来を見据えてみれば、保険診療など「やってる場合じゃない」のである。なぜか？

まず治療そのものに対する制限が多すぎる。治療家にしてみれば「患者さんに優れた治療を施したい」という意識は誰でもあるはずだ。自分が良いと判断した治療、納得できる治療を患者さんに施したい。そして楽に、元気になってもらいたい。それは治療家にとって喜びであり、生きがいでもある。私自身もそうだ。

だが保険診療では、そこに制限がかかってしまう。やりたいように治療ができない。これは治療家としては結構なストレスだ。

各種の手続きに関わる手間や時間も、大きな負荷になる。申請書類は近年、ますます細かくややこしくなり、作るだけでも面倒だ。また申請したあとも、何かと理由をつけて突き返されることが増えてきた。そのたびにこちらは「またか……」とゲンナリし、追加事項を書き加えたり新たに書き直したりして再申請する。このプロセスが馬鹿にならない。

患者さんの「質」という要素もある。保険の患者さんと自費の患者さんとでは、その質に大きな違いがあるのだ。院の経営を考えれば、これも決して軽視できない要素である。

保険診療のデメリットは、数え上げたらきりがないほどに、ある。ならば保険診療からはキレイさっぱり手を引き、自費診療にシフトしたほうが、はるかにマシだ。

「そうは言っても、すぐに移行もできないし……まあ、おいおい考えていくよ」

当たり障りのない回答で実に結構なのだが、院長が本気でこのように考えていたのでは、遠からず本当に苦しい思いをすることになる。

すでにあなた自身も身にしみているかもしれないが、全国の接骨院・整骨院が置かれている現状について、いくつかの角度から考えてみることにしよう。

コンビニ並みに増え続けてきた治療院

接骨院・整骨院を取り巻く環境の中で、最も厳しいのが競合の多さだろう。

いま、全国にどれほどの接骨院・整骨院があるか、おおよその数字をあなたはご存じだろうか？　厚労省が定期的にとっている統計によると（少し前の数字で恐縮だが）、平成二二年の時点で全国の接骨院・整骨院は約三万八〇〇〇軒。平成一六年から二二年までの六年間について見ると、二年ごとに一〇～一三％という高い伸び率で増え続けている。柔道整復師の人数はおよそ五万人である。

ちなみに同じ時期のコンビニの軒数が全国で約四万三〇〇〇軒だから、その時点でコンビニに迫る勢いだ、ということになる。この傾向は、おそらく今も続いているのだろう。整骨院業界はこれほどの過当競争にさらされているのだ。

そもそも柔道整復師を養成する学校が増えすぎ、すでに飽和状態となってしまった。過去、柔道整復師を養成するための学校は全国に数えるほどしかなかった。平成一〇年の時点でその総数は一四校、定員にして約一〇〇〇名程度。ところがある時期からこの学校が急速に増え始め、平成二七年には厚労省所管のものだけでも九三校、定員は七八〇〇名にまで膨れあがっている。あまりにも異常な増えっぷりである。

さすがに近年では定員割れを起こす学校もあり、中には閉校となったところもあると聞くが、それでも毎年一定数の生徒たちがこれらの学校を卒業していき、有資格者となって、業界に飛び込んでいく。すでに飽和状態にあるうえに、まださらに新規の治療家・治療院が増え続けているというのが現状なのだ。これでは競争は激しくなるばかりである。

※柔塾／柔道整復師の統計　http://ywrjk.com/柔道整復師の統計/
※日本フランチャイズチェーン協会／統計データ　http://www.jfa-fc.or.jp/particle/320.html
※厚労省／柔道整復師学校・養成施設数　http://www.mhlw.go.jp/file/05-Shingikai-10801000-Iseikyoku-Soumuka/0000106911.pdf

競合は接骨院・整骨院だけではない！

前項で上げた数字は「接骨院・整骨院」に限られている。つまり柔道整復師が勤務し、治療を行っている施設だ。鍼灸やマッサージ、整体、各種リラクゼーション施設は別だ。逆にこれらの施設まで含めるとしたら、それこそ膨大な数になってしまう。

「整骨院と整体じゃ、全然違うじゃないか」とあなたは言うかもしれない。だが、それを明確に区別しているのは、おそらく私たち業界人だけだろう。

「腰が痛い」「首を傷めた」そう言って治療院にやって来る患者さんは、施設の選り好みをしない。整骨院だろうが鍼灸院だろうが整体院だろうが、何でも良いのだ。患者さんにとっては「痛みや辛さを取り除き、楽にしてくれる」ことが重要なのであって、それさえ実現できればその手段は問わない。整形外科で牽引してもらってコリや痛みが取れればそれでいいし、マッサージで体が楽になるならそれでＯＫ。結果がすべてであって「いやいや、柔道整復師の治療でないとダメだ」などと言う患者さんは、絶対にとは言わないが、まず間違いなく存在しない。

一方で多くの場合、彼らは治療家の腕や料金に関しては、とてつもなくシビアだ。それが正当な評価なのかどうかは関係なく、やたらと厳しいことをおっしゃる。

「こっちの先生は上手だけど、イマイチ態度が良くない」
「あっちの先生は腕はまあまあだけど、親切で時間も長い」
「あそこの治療院は高いし、治療時間が短い」
「だったら向こうの治療院はマッサージもしてくれて時間も少し長めで……」

なかなか手厳しいのである。実際にこうした会話が遠慮がちながら、治療院の待合室で飛び交っていたりする。

集客したくても広告がままならない

このような状況の中でも、なんとか患者さんを集めないことには経営は立ち行かない。だが患者さんを呼ぼうにも、私たちが行える広告手段は限られている。法規に従い、その範囲内でのみ広告活動を行おうとしても、自ずから限界がある。

すでによくご存じの通り、柔道整復師法には広告制限が定められている。これは患者さんに誤った情報や誇大な情報を与えないように配慮して決められたものなのだが、正直いって現代の事情にはまったく合わない。

柔道整復師法は昭和四五年に成立・施行、すでに半世紀近い年月を生き続けている。「生き続けている」と言えば聞こえはいいが、要は誰も手を付けずにそのまま放置されてきただけだ。その内容の多くは、すでにカビの生えた時代遅れの代物と化してしまっている。その基本理念は時間によって変わるものではないとしても、社会状況の変化に合わせ、変えるべきところは変えていくべきだろう。

ことに広告に関しては「この法で定めた事項以外は使用不可」という、いわゆるポジティブリスト形式になっており、またそれを遵守していたのでは、伝えたいことをほとんど伝えられないというジレンマに陥ってしまう。

この問題については改正しようという機運もあり、また患者さんの利便性や必要性に応えるものであれば、法に抵触する内容でも行政の裁量の範囲内で容認する、という運用が行われている。

とはいえ窮屈であるのは間違いないし、この規制の枠組みの中で患者さんを呼ぼうとするのは、かなりの難題だ。こんなところにも、治療院を縛りつける不自由が横たわっているのだ。

保険診療は、治療院が陥りやすい甘い罠

このように、さまざまな不自由にからめ捕られながらも接骨院・整骨院は存続してきた。それができたのは「保険が使える」という点がプラスに働いてきたためだと思う。

鍼灸師やマッサージ師とは異なり、柔道整復師は保険が使える。国保、社保、各種組合の保険、自賠責保険。これらの保険を使える保険診療ができるために、接骨院・整骨院は生きながらえてきた、という見方もできる。

だが、この「保険が使える」という点が、現在では逆に治療院の経営を難しくし、その発展を妨げているようにも見えるのだ。

保険診療では、行える施術内容に制限がある。一方で、患者さんが窓口で支払う料金は、治療費総額の一割ないし三割だ。残額は保険で賄える。これは患者さんにとっては大きなメリットだ。マッサージや整体に行けば数千円かかるところが、ほんの数百円の支払いで済むとなれば、これは大きい。

道で転んだり階段を踏み外したりして、腰やら首やらを傷める。すぐに痛みが引いてくれれば問題ないが、そうでなければ「医者に行こうか」ということになる。整形外科がいいか。それとも鍼灸やマッサージにするか。でも整骨院なら、病院と同じで保険が使える。だったら整骨院に行くか……。

かくして患者さんが治療院にやって来る。そして院のほうでも、そうした患者さんを当て込んで「各種保険取り扱い」の看板を掲げる。結果、患者さんの多くが保険診療で、自費診療の患者さんは数える程度……という状況になる。

これこそ、治療院がはまりやすいパターンなのだ。良好な院の経営を考えるならば、まず第一に保険診療を見直さなくてはならない。その理由について、少し考えていくことにしよう。

二年に一度の療養費改定

治療院の経営を考えるとき、保険診療の療養費改定は忘れることはできない。二年に一度のこの改定によって、私たちはこれまでずいぶんと苦しめられてきた。

もっとも「苦しめられてきた」というのは治療家側の勝手な言い分で、改定を主導する行政側は、まったく違う見解を持っている。

保険診療に関わる不透明な部分、不適切な箇所を正し、整骨院での保険診療を適正化すること。それが療養費改定の目的だし、治療家側とも協議しながら定期的な見直しを行うことで、行政と治療家が協力しながら、健全な保険診療が実現できる。それは保険財政の健全化にも直結する。

このような大層な理想論はあるものの、しょせんそれはお題目に過ぎない。二年に一度の療養費改定は治療家にとって頭痛のタネで、その時期になると「今度はどこを絞られるのか」と恐々とするばかり。特にここ数年の締めつけぶりは、かなり強烈だ。この点について、異論のある治療家はほとんどないだろう。

本書を執筆している二〇一六年は、二年に一度の改定の年だ。現時点では検討専門委員会が開催され、療養費に関する課題が議論されている。議論といっても、行政側の案に何かと文句をつけ、議論の場に引き戻し、その間の時間を稼ぐという、形式的なものではある。最終的には行政の決定に従うしかないわけだが、前回そして今回の改定（改定そのものはまだ先の話だが）については、どうもこれまでとは違う「キナ臭さ」を感じてしまう。

保険診療を長く行ってきたベテラン治療家の方々ならばすでにご存じと思うが、過去の療養費改定では多くの場合、アメとムチが上手に使い分けられてきた。「出っ張りとへこみ」という言い方をしてもいい。締めるところをキュッと締める代わりに、別のところを少々緩くする。つまりは規制・改定の内容に緩急をつけ、全体的な帳尻が合うような配慮がなされてきた。

ところがこの改定の内容を見てみると、どうにも締めっぱなしのような印象を受ける。ギュウギュウと締めつけられるばかりで、どこかを緩めてくれる気配が見えない。どうも当局は柔道整復師の保険診療に関して、これまでの姿勢を改め、締めつけ一本で行くことに肚を決めたように見えるのだ。

たとえば今回の検討専門委員会で、検討すべき課題として上げられている項目のうち、主なものを見てみよう。

・亜急性外傷
・負傷原因記載
・施術回数制限
・個別指導・監査
・領収書発行履歴
・往療料の在り方
・患者紹介料の取締まり
・広告規制取締り
・施術管理者の要件強化
・電子カルテについて

※参照：柔塾（http://ywrjk.com/）、厚労省（http://www.mhlw.go.jp/stf/shingi2/0000129653.html）

　これらの項目を見ると、どうもこれまでにはない制限をかけに来ているように思える。患者紹介料や広告規制の取締りというところに、そうした匂いを感じてしまう。これまである程度は黙認されてきた部分、グレーゾーンと目されていた部分にもメスを入れ、可と不可の境界に明確な線を引く。行政側の本気度を感じるところだ。

　また通常の治療だけでなく、交通事故案件についても網をかける内容となっており、かなり包括的な改定という印象を受ける。まだ検討専門委員会で議論を進めている最中のことでもあるので、詳しい内容についてはここでは触れないが、まさに「外堀を埋めに来た」というのが私の感想だ。ここまで踏み込んだ規制に踏み切ることは、これまでなかったように思う。

本格的な締めつけが始まった！

プラスとマイナスを組み合わせて、全体的に少々のマイナスとし、帳尻を合わせる。そんな緩いやり方をかなぐり捨てて、締めつけ一本に軌道修正したのは、おそらく前回あたりの療養費改定からだ。

確かに保険財政が厳しいのは今に始まったことではないし、それを思えば緊縮財政を敷きたいのは行政側の本音だろう。とはいえ、治療家はそれで生活しているわけで、そこをいきなり切り捨てるわけにもいかない。しかし「財政も厳しいし、引き締めていきますよ」という姿勢は、治療家側にも見せておきたい。

「あちらを立てればこちらが立たず」の状況だ。その中で、これまでの改定では部分的な緩急をつけつつ、全体的には緩やかに規制強化していく傾向が続いてきた。そうすることで時間的な猶予を作り出し、治療家側の何らかのアクション……たとえば保険診療の比率の抑制などの動きを、期待していたのかもしれない。

期待するのは行政の勝手だが、治療家側がその期待に応えるかどうか、応えられるかどうかはまったく別の話だ。だいたい、保険診療が総売上のほとんどを占めるような治療院なら、その保険診療を簡単に手放すことなどできない。それこそ死活問題だ。「自費診療に移行すればいいじゃないか」などと言うお役人がいるとしたら、それこそ治療院経営をナメすぎである。「だったらあなたがやってみなさいよ」という話だ。

だが現実に、お上の締めつけは厳しさを増してきている。それは日常業務の中にまで入り込んでいる。嫌がらせではないのかと思うほど、さまざまな形で治療院の経営と現場を圧迫しているのが現状だ。

行政がキャッシュフローを苦しめる

保険診療に関する手続きについても煩雑になり、ややこしくなった。これはすでに全国の治療家の方々が実感し、辟易しているところだと思う。

まず申請書類が面倒になった。やたらと細々した項目を記入しなくてはならず、とにかく手間と時間がかかる。といって、必要事項をきちんと書き込まないと、申請しても「書類不備」ということで突き返されてしまう。そして必要事項をすべて書き込んでいても、しばしば申請書類が返送されてくる。そんなときの返送理由はいろいろだが、

「負傷原因と負傷部位と一致しない」というのは、理由としてよく使われる。

こちらとしては、この書類が通らないことには保険診療分の治療費を取りはぐれてしまうから、ブツブツ文句を言いながらも追加説明を入れたり判りやすく書き換えたりする。そして再申請するのだが、また別の理由で返送されてくる。このやりとりが何度も繰り返される。いつになっても申請が通らず、時間ばかりが過ぎていく。


もともと保険診療は、申請から入金まで数ヶ月のズレがある。私が保険診療を手がけていた頃には、申請してから国保なら二ヶ月後、社保だと三ヶ月後。組合だと半年ほどのタイムラグがあった。

これが一般の企業であれば「納品月末締め、翌月末払い」というのが一般的だろう。もちろん業界によっては、もっと長い支払いサイトを標準としているところもある。だがそれはあくまでもレアケースだ。今月納めた仕事の支払いを、来月末にいただく。これくらいのサイクルであれば、資金繰りに関してあまり遠い未来を考えなくても済む。

だが保険診療に関して言えば、早くても二ヶ月後、長ければ半年先の入金だ。キャッシュフローという点では非常に分が悪い。そこへ、何度も再申請を繰り返すような事態になってしまえば、もともと良くないキャッシュフローがなおさら悪化する。経営という面から見れば、もう冗談じゃないと暴れ出したくなるレベルである。

さらに頻繁になった「患者アンケート」

ひと頃を境に、患者さんへのアンケートも増えていった。保険者から患者さんへ電話が行き、受けた治療とその原因となったケガについて問い合わせをする。その結果、申請書類と少しでも違う内容であれば「申請内容と異なる」という理由で支払い不可とされてしまう。これで一回の治療費の七割から九割が取りはぐれることになってしまう。これは大きい。

確かに、申請書類に記載された治療部位が実際の損傷部位と異なっていたら、大問題だ。書類上は腰を傷めたとなっているのに、患者さん自身が「肩を治療してもらった」などと発言していたなら、絵に描いたような不正請求である。

だが患者アンケートが行われるのは治療院からの申請を受けた後でのことだ。患者さんにとっては「ずいぶん前の話」である。治療を受けたのが肩なのか首なのか腕なのか、明確でないこともあるだろうし、ろくろく覚えていない、ということもあるだろう。そうしたケースをも一切無視して「申請内容と異なるので、不支給となります」とやられたのでは、泣くに泣けない。

もちろん不正請求もあるだろう。だが不正請求を潰していくというのなら、他にもやりようはあるはずだ。取り締まりを強化するなり網の目を細かくするなりすればいいことで、実際にそうしたアクションは起こされている。前項でお話しした「申請書類の記入項目がやたらと増え、詳細化された」というのは、その一例だ。だが、そうした書類は書く方もかなりの手間だが、それをチェックする作業にはさらに手間と時間がかかる。申請を受けた保険者側にしても、そのためだけに人員を補充するわけにはいかない。限られたマンパワーで、しかも一定期間のうちにすべてを正確にチェックするのは、不可能とは言わないが、かなり無理がある。

だったら、一律に「保険診療を封じる」という手段に出たほうがシンプルだ。ここ数年の改定の内容を見ていると、どうもそういう理由から締めつけが厳しくなっているような気がしてならない。

行政は治療院の保険診療をなくしたいのか？

各種の保険者にしろ、それを所管する行政にしろ、保険診療を行う治療院を「減らしたい」というよりも、いっそ「なくしたい」と考えている。縁起でもない話だが、このところの療養費改定の中身を見てみると、そのように思えて仕方ないのだ。

そもそも行政による規制や制限の変更というのは、必ず何らかの大義名分が看板として掲げられている。「業界の質を一定以上に維持するため」とか「不正を排除し、健全化・適正化を図る」とか。お題目ではあるものの、一応はそうした目的に沿って行われるものだ。これは柔整師の療養費改定に限らない。さまざまな業界で行われる行政の規制は、おそらく例外なくこうした大義名分が掲げられ、その趣旨に沿った方策がとられる。そのためまず大きな規制をかけておき、別に例外となる条件を列記しておいたりする。

たとえば「技術の向上と維持を目的とする」という趣旨に沿って「年に一度の技術講習の受講を課する」という規制がかけられたとする。実務経験が浅い者には有益かもしれないが、ベテランにとっては面倒なことこの上ない。そこで「実務経験五年以上の者は除く」などの例外条件をつける。このような例はよくあることだ。

ところがこのところの改定では、こうした「逃げ道」がほとんど閉ざされている。二〇一六年の改定については、本書執筆の段階でまだ継続議論中なので、どうなるかは判らない。それでも、あまり楽観視できない状況ではある。

「接骨院・整骨院での保険診療は、もうやめてもらいたい」

そんな「お上の本音」がチラチラと透けて見えるのだ。行政は私たち治療家に対して「もう保険を使うな、保険診療をやめろ」と無言の圧力をかけ続けているのであり、その傾向は今後も続きそうな勢いなのである。

「金なら払わん!」と言い切る保険者

行政による締めつけの一方で、保険者の支払いもずいぶんと渋くなっている。申請書類のチェックが厳しく細かくなり、突き返されることが増えてきたのは前述の通りだが、それ以上に深刻なのは不支給だ。さすがにこれは統計データがあるわけではないので私自身の感触ではあるが、このところ不支給というケースが増えてきている。

申請書類の内容について散々文句をつけられたあげく、不支給。「患者さんに治療内容を確認した」という話から、不支給。国保も社保も同様に、不支給が増え続けている。

これが保険組合となると、さらにひどい有り様となる。中には申請書類がどうのこうのという前に、「接骨院・整骨院さんには支払いをしない方向なので」と、はっきりと言われることもある。「金なら払わん！」というわけで、ここまで明確にしてもらえるとかえって清々しい。書類のやりとりを重ねたり患者さんへの聞き取りをしたり、お互いに手間と時間をかけた末に「支払えません」となるよりは、最初から「払わないよ」と言われた方が、ナンボかマシというものだ。もっとも、それもまたおかしな話ではあるのだが。

こうした話は、私だけが経験したことではない。私は治療家を対象にしたセミナーを開催しているため、全国各地の治療家と交流があり、いろいろな話を聞かせていただいている。そして私と似たような経験をした治療家も、何人かいる。

決して全国規模で足並みを揃えているわけではないが、行政だけでなく保険者のほうも、治療家の保険診療を快く思っていないようだ。

私たちは自らの価値を下げている

すでにお話ししたことだが「保険が使える」というのは、接骨院・整骨院の大きな特徴だ。だが、これはそもそもケガの治療に対するものだ。骨折、脱臼、ねんざ、打撲……これらのケガを治療することについては保険が使える、というのが原則である。

だが競合が増えてくると、この原則がだんだん歪んだ形で運用されるようになってくる。「痛みがある」という事実から、それを「ケガによるもの」と解釈し、「保険で治療」というところに落とし込む。それが常用されると、患者さん側の判断も固定化されてくる。

たとえば腰が痛む。肩が痛む。なんとかしたい。マッサージか整体か、あるいは鍼灸がいいか。どれも一長一短ではあろうが、整骨院に行けば保険が使える。つまり安く上がる。

患者さん側にこうした認識が普及してしまったのは、整骨院側に責任の一端があると私は考えている。その結果、行きすぎた「不正請求」が横行するようになり、行政も看過できない状況になってしまった。

保険診療に関わる近年の行政の締めつけは、ある意味で業界が招いた「身から出た錆」でもある。

昔の先生はマッサージをほとんどしなかった。ケガに対しては修復して包帯やテープで固定する、それくらいだった。やがてそうした処置に加えて、さまざまな機器を使うようになり、低周波治療器や温熱治療機器による治療が主流になっていった。さらに、体に触れる治療が導入され、マッサージを採り入れる治療院が増えていった。

これは「患者さんが喜ぶから」というのが大きな理由で、その先には「患者さんがリピートしてくれる」という期待がある。さらに患者さん同士の口コミで、新規の引き込みも期待できる。

「あっちは電気を当てるだけだけど、こっちはマッサージもしてくれるよ」

こんな情報で人は動く。だから院としても、患者さんを集めるために他院以上のことをしなくては……という気になってしまう。さらに進行すると「あっちのマッサージは五分間、でもこっちは七分間やってくれる」などという話になってくる。なんとも細かい部分で、患者さんの争奪戦が繰り広げられていくのだ。

結果、「保険でマッサージをしてくれる」というのが主流にまでなってしまった。現在では患者さんの側から「ここは何分マッサージしてくれるの？」と尋ねられる始末だ。

「いや、保険診療ではマッサージはできませんよ。そういう決まりなんです」

「そうなの？ でも、あっちの整骨院ではやってくれたよ？」

もちろん、患者さんにこれっぽっちも非があるわけではない。すべては業界が自ら招いた状況なのだ。

だが一歩下がって考えてみれば、保険が使えない鍼灸師、あるいはマッサージ師からすると、これは非常に面白くない状況だ。不公平であり、不公正でもある。

「なんだ、柔整師は！ 保険診療の陰に隠れて、やりたい放題じゃないか！」

そんな不満が爆発しても無理はない。

そもそも接骨院・整骨院で行われている後療法には、厳密な規則がない。ケガの後に行う治療として必要であれば、必要に即した治療が行われる。それが運動療法であろうとマッサージであろうと、個々の治療家の判断次第だ。時間制限もない。そのため保険診療と称して一時間近くもマッサージを施すところもあると聞く。

実際のところ、治療を受ける患者さんから見れば、接骨院・整骨院もマッサージも整体も、さしたる違いはない。私たち柔道整復師は患者さんを呼び込もうと躍起になるあまり、他業種との差別化に失敗し、しかも自らの首を絞める行為を今も続けている。これは自分自身の価値を自分自身で下げていることに等しい。

保険診療ができなくなる日

このような状況が続いていくと、遠からず私たち治療家は保険診療ができなくなってしまうのではないだろうか？　そうした危機感をお持ちの方も多いことだろう。

実際「接骨院・整骨院の保険診療は、やがてなくなる」ということは、ずいぶん前から言われていた。私が学生の頃からそういう噂はあったし、その頃から人の口の端に上ってもいた。ところが「なくなる」と言われ続けながらも現実には延々と続いてきたし、また「いや、保険診療はなくならないよ」と明言する先生もいる。本当のところは誰にも判らない。確証がないのだ。

ただ、保険が続こうがなくなろうが、治療院の経営が苦しいということには変わりない。患者さんがあふれかえっていて大繁盛、などという院のほうが少数派だろう。「食べていくのがやっと」というのはまだ食べていけるだけ良いほうで、院を閉めざるを得ない状況に追い込まれる治療院は枚挙にいとまがない。

私はコンサル業務の一環として、全国の接骨院・整骨院に毎月ニュースレターを発送している。その総数はだいたい一〇〇〇通ほどになるのだが、そのうちのいくつかは「あて所に尋ねあたりません」と赤い判を捺されて返ってくる。

つまりは「閉院した」ということだ。以前は一〇〇〇軒のうち一～二軒あるかないかという程度だったのだが、ここ二年ほどは毎回必ず、四～五通ほどは返送されてくる。ざっと見て毎月〇・五%ずつ、治療院が閉院しているという計算になる。これが現実だ。

厳しさを増していくばかりの保険行政、そして治療院が置かれたこの状況を見れば、今すぐにでも対策をとらねばならない。身動きできない状態になってからでは、遅い。

あなたはなぜ自費診療をしないのか？

これまでさんざんお話ししてきたように、保険診療ばかりにかかずらっていては、院の経営は成り立たない。

「いや、ウチは立派に保険診療だけでやっていけている」

そういう院はそのままでも良いだろう。それが経営者としての判断ならば、そうすればいい。だが昨今、多くの治療院は経営そのものが苦しい状態に置かれている。そして経営の足を引っ張る張本人が、保険診療なのだ。多くの経営者は、すでにそれに気づいているはずなのだが、保険診療を縮小する、あるいは打ち切るというアクションが、なかなかとれない。なぜか？

まずひとつには「柔整師は保険が使える、だったら使わないと損」という固定概念があるのかもしれない。鍼灸師やマッサージ師と違い、柔道整復師は保険が使える。使えるから、使う。実際に保険診療を扱えば、それなりに患者さんは集まってくる。だからそれが当たり前のことになっていて、疑いも入れない。そういう文化になってしまっているのだろう。

そのため「保険を切る＝患者さんを切る」という感覚になり、売上が心配になってしまう。

経営的に見れば確かに効率が悪いと感じながらも、保険診療での売上がある程度以上のレベルにあるならば「これを切ってしまっていいのだろうか？」という心理が働く。

それ以上に自費診療で稼げばいいのだが、変化に飛び込むとき、人は得てして悪い方に考えがちだ。そのためなかなか踏ん切りがつかない。

患者さんへの配慮という面もある。これまで保険で治療に来ていた患者さんにとっては、自費診療への移行は経済的にかなりの負担増だ。これでは患者さんに申し訳ない。結果、ずるずると保険診療を続けていくことになる。

これらさまざまな理由の根底にあるのは、その多くが変化に対する恐怖だ。そのために多くの治療院が、自費診療への明確な切り換えに踏み切れずにいる。

だがここは、思い切ってアクションを起こすことをお勧めしたい。このまま保険診療にしがみついていても、事態が好転するということは考えにくいからだ。逆に自費診療に大きく舵を切ることで、これまで見えなかった展望が開けてくるのだ。

自費診療への移行は、あなたの治療院を「繁盛店」に変身させ、良質な患者さんが集まる院に変貌させていく。時間当たりの単価が増え、売上を二倍、三倍と増やすことができる。

現在の厳しい状況の中を生き抜き、這い上がり、勝ち抜けていくための、最初にして最大のステップ。それこそが自費診療への移行なのである。

COLUMN
コラム

ゴッドハンドが業界の価値を下げている

私のコンサルのクライアントで「値上げができない」という先生がいる。ゴッドハンドという領域ではないにしろ、かなり高レベルの腕を持ち、難しい症例をこなし、技術力という点では申し分のない先生である。もちろんそれなりに患者さんも集まっている。

その先生が自費診療で設定している価格が、一回あたり六〇〇〇円なのだ。

「もう少し、上げてもいいんじゃないですか?」と私は言う。治療の内容を見てみると、正直この金額では安すぎると思われるのだ。それだけの価値がある治療であることは、私の目にも明らかだった。だが先生ご自身は「これ以上値上げはできない」と言う。

治療院は、治療家の施術に対してお金を払う場所だ。当然ながら属人的な要素が入り込んでくる。駆け出しの治療家とベテラン治療家とでは、明らかにその内容が異なるはずだし、一方で治療にかける時間はほぼ同じだ。となれば当然、そこに単位時間あたりの価格の差がなければならない。同じ時間をかけて治療を受けて、ある患者さんは駆け出し治療家の未熟な施術を受け、別の患者さんは熟練治療家の神業的な施術を受ける。

それで料金が同じでは、公平性が保てない。

　また、腕の良い治療家は口コミで患者さんがついてくる。だが腕の善し悪しに関わらず、治療にかかる時間は決まっている。つまり一人の治療家が一日に対応できる患者数は腕の善し悪しに関係なくほぼ決まっており、一人当たりの単価に差を付けないことには、技術に対する評価と報酬のバランスが崩れてしまう。腕が良かろうが悪かろうが、さして報酬は変わらない……という状況になってしまうのだ。それはまずい。

　だから、腕の良い治療家であればあるほど、報酬は高くなくてはいけない。それは「値上げすることで患者さんの数を絞り、選別していく」という戦略的な面も持ち合わせている。この方向を指向することで、自分の労働時間は少なくなっても利益は上がるという状況になっていく。

　コンサルとしての私は、腕の良い先生には常々こうした方策をお勧めするのだが、なかなかそこで思い切りがつかない方が多い。なぜか？

　ある先生は「自分の師匠よりも高い料金設定をするわけにはいかない」と言う。気持ちは判るが、別に師匠の看板を借りて治療を行っているわけでもないのだから、そんな基準で判断する必要はないと思う。

自分の価値というものは、なかなか自分では判らないものなのかもしれない。だから自分自身への値付けができない。そこで自分の価値を測る基準となる物差しを探すのだが、そこで「自分の師匠の料金」が大きな影響力を及ぼしてくる。「師匠がこの値段なのだから、自分は二割引くらいか」という理屈で料金設定をする。結果、忙しいわりにはさっぱり利益が上がらない治療院ができあがる。

治療家と呼ばれる人たちは、得てしてマーケティングの概念に疎い。疎いというよりも、欠落していると言っていい。自分がどれほどの価値を顧客に与えているのか、それに対して適正な報酬はいくらか。こうした概念が決定的に欠けているのだ。そしてそうした傾向を、ベテランの治療家たちが助長する構図になっている。ゴッドハンドと呼ばれるほどの腕を持った治療家ならば、それにふさわしい料金設定をするべきだ。それをしないから、一般の治療家たちが適正価格を設定しにくくなってしまう。

これでは治療家が自らの価値を下げ、さらに業界全体の価値を下げることになってしまう。こうした結果を招いてしまう一端は、マーケティング理論の欠落したゴッドハンドたちにもあるのだと私は思っている。

第二章

今すぐ自費診療に移行しよう！

自費診療への移行が現状を変える

私は現在、仕事中のほとんどの時間を治療家専門のコンサル業に費やしている。もちろん、専業というわけではない。私も治療家のはしくれだし、古い馴染みの患者さんの中には「細谷先生でなくては」とおっしゃる方々もいる。そのため月に数回は治療にあたっているが、それ以外の時間はほとんどコンサルとしての仕事をしている。

そんな私のもとに多くの治療家の方々が、悩みを抱えてやってくる。彼らに対して私は、まずじっくりと話を聞くようにしているのだが、彼らの多くは示し合わせたかのように、同じ考えを持ち、同じ失敗をしでかしている。

院の経営がうまくいかない。患者さんが減っていて、回復するきざしも見えない。にもかかわらず、なぜかみな「何とかなるだろう」と鷹揚に構え、「まだ大丈夫」と動こうともしない。

いや、「動こうとしない」というのは間違いかもしれない。「動けない」というのが実情なのだろう。何かしないといけないとは思いつつ、具体的に何をすればいいのか、見当もつかないのだ。

そうして身動きとれない状況にまで陥っていき、いよいよダメだとなってから、私のところにやってくる。

ほんの数年前まで、私もそうだった。だから私には、彼らの気持ちがよく判る。判るけれども、それではいけない。身動きできない状態になってしまったら、本当にもう何もできない。せめて少しでも余裕のあるうちに、アクションを起こすことが大事だ。

日に日に悪化していく状況が、何の理由もなく突然好転することなど、あるわけがない。待っていたって、何も起こりはしないし、時間が経つほどにさらに状況は悪くなっていく。だから一日でも早く行動を起こすことだ。

では何をすればいいのか？　具体的な内容についてはこの章でお話ししていくが、総論を言えば「保険診療から自費診療への移行を図る」ということだ。自費診療へうまく移行してしまえば、今のあなたを悩ませているもろもろの問題は、嘘のようにキレイさっぱり解決することになる。

「安ければ売れる」は本当か

モノでもサービスでも、何らかの買い物をするときに、価格は大きな判断材料だ。その商品が売れるかどうかは、消費者がその商品にどれほどの価値を見出しているかということと直結している。

聞いた話だが、東京のラーメン一杯の相場はタクシーの初乗り料金とほぼリンクしているそうだ。確かに一杯七〇〇円程度が、お客が「高い」と感じないレベルなのだろう。もちろんこれより安い店はたくさんあるし、また一杯一〇〇〇円以上というところもある。たとえ相場より高くても、「それでも食べたい」と思うお客が一定数あれば、商品として成り立つし、店もやっていける。だから少々強気の価格設定をしても、一向に差し支えないのだ。

ところが多くの人が、そこで思い切ることができない。そのためついつい安めの価格設定にしてしまう。たとえ安くても十分に利益が出る、というのならいい。だがろくろく利益も出せないほどに価格を下げてしまったら、それは自分の首を絞めることにほかならない。

自費診療に移行するとき、おそらくいちばん悩むのが料金設定だろう。いったいいくらくらいがいいのか、実際に大いに悩む。私もそうだった。近隣エリアの競合院の料金を調べて、それより少し安めに……などと考えたりもする。確かに競合とのバランスは大切だが、それで十分な利益を確保できなければ、そもそも自費診療に移行する意味がない。

私たち治療師は、何十分という時間を区切り、その中で患者さんに治療を施して対価をいただいている。つまりは時給仕事をしているのである。料金を低くするということは、自分の時給をみすみす下げているのと同じだ。一日にさばける患者さんの人数には限度があるのだから、これでは働けば働くほど苦しくなる。

モノでもサービスでも、その価値に対して価格が安いと消費者が判断すれば、商品は売れていく。安ければ売れるのだ。だが売れたからといって必ずしも院の経営にプラスになるとは限らない。それはしっかり覚えておこう。

経営を苦しくする「治療家のジレンマ」

自費への移行で何が変わるのか。まず第一は収益性の向上だ。単位時間あたりの売上が保険診療とは段違いなのだから、これは当然。だがそれ以上に、自費診療に移行することで「治療家のジレンマを解消することができる」という効果が大きい。

治療家は誰でも「患者さんを治したい」という意識を持っている。人によって差はあっても、こうした意識があればこそ、この道を選んできたはずだ。だが患者さんを治すということと、収益を確保するということは、決して直結していない。むしろバラバラであることが多いだろう。

柔整師の場合、保険診療だからといって、その治療内容が厳格に決められているわけではない。だが時間がかかる治療はなかなかしにくい。一〇分で終わるところに二〇分かかる治療を行っても、保険診療であれば支払われる金額は同じだ。たとえ患者さんのためになることであっても、さすがにこれは辛い。

またそれなりの腕を持つ治療家にとってみれば、保険診療における料金と、提供する治療内容のクオリティが釣り合わない、と感じるケースがある。「この治療がこの料金なのか」という不合理感だ。

治療家としては、その技術を習得するまでには長い時間とそれなりのお金がかかっている。ありふれた技術でなければ、なおさらだ。なのに、その治療を提供して得られる対価が見合わない。俺の腕はこんなに安くはないはずだ。

その一方で、体の痛みや不調に苦しむ患者さんがいれば、なんとか助けたいと思う。自分の腕で患者さんの痛みや苦しみを取り除くことができるなら、こんな嬉しいことはない。施術後、患者さんから「ああ楽になった、ありがとうございます」などと言われたら、それこそ治療家冥利につきる。

提供する治療に釣り合う対価はほしい。だが対価を度外視しても、患者さんを救いたい。値上げをすれば、救える患者さんも救えなくなってしまう……。これが治療家のジレンマだ。これこそ、あなたの院経営を苦しくさせている一因なのだが、それに気づいているケースはほとんどない。

このような状態で苦しんでいる院長に、私は「先生、ここはきちんと料金を設定しましょうよ」とアドバイスする。だが彼は「いや、値上げはできない」と頭を振る。

「それなら保険の範囲内で……一五〇〇円くらいですか、それでやってあげればいいんじゃないですか」

「いや、それだと経営が……」

値上げしないと経営が苦しい。でも患者さんのことを思うと、値上げはできない。まさに治療家のジレンマなのだ。

だが自費診療に移行していく段階で、このジレンマは解消できる。というより、あなた自身の意識の中にあるこのジレンマを解消しない限り、あなたの院はいつまで経っても今のままだ。

経営とマーケティングの視点を持つこと

私は自費診療移行を目指す方々のための勉強会を主宰しているが、そこに参加するみなさんは当然ながら治療家であり、院の経営者だ。実は、この「治療家」というところがクセモノなのだ。

治療家は、人の痛みや苦しみを取り除くことが使命だ。目の前の患者さんをなんとかして救いたい、だからそのために手技を磨き、技術を高めようと考える。それはとても素晴らしいことだが、腕を上げたからといって院の経営が楽になるわけではない。

つまり自分の治療院を持っているからには、みな治療家であると同時に経営者でなくてはならないのだ。ところがほとんどの方は、経営に関する知識も経験も、ほとんど持ち合わせていない。そこが問題なのだ。

少々厳しい言葉に聞こえるかもしれないが、この業界の治療師たちは世間というものをほとんど知らない。

学校で基礎的な知識や技術を身につけ、国家資格を取ると、どこかの治療院に勤務する。実践で学びながらコツコツと資金を貯め、晴れて自分の院を開院する。ところが、ごく狭い範囲でしか世の中を見ていないうえ、経営というものに触れたことがない。もちろん「マーケティング」という概念にも疎いから、自分が患者さんに何を提供できるのか、その対価をどのように得るのか、そうした発想もほとんどない。

これでは、院の経営がうまくいくほうが奇跡に近い。

自費診療への移行はあなたの院の経営を劇的に変えていくが、そのプロセスは経営的なものの見方やマーケティング的手法が下敷きになっている。もちろん今さら「経営とは」「マーケティングとは」などと、一から学ぶ必要はない。

ただ、意識を変えることは必要だろう。あなたは技術者であると同時に経営者でなくてはならない。そのことを、まずはしっかり認識することだ。

自費への移行はステップを踏んで

さて、前置きが少々長くなったけれども、そろそろ自費診療への移行について、具体的なステップをお話ししよう。

今現在、あなたの治療院で保険と自費、さらに交通事故の治療の比率がどの程度であるかによって変わってくる部分もあるが、基本は「段階を踏んで値上げしていく」ということだ。自費の部分を治療に上乗せして、一回あたりの料金を上げるのである。これを段階的に繰り返していき、最終的には「完全自費診療のみ」という状態にまでもっていく。つまり、保険診療を一切しないというわけだ。

こういう話をすると、世の院長先生のみなさんは驚かれるかもしれない。だがすでにお話ししてきた通り、このまま保険診療を続けていても、おそらく良いことはない。

患者さんからすれば「自己負担額が安価」というメリットはある。だから保険診療の看板を掲げていれば、それなりに患者さんは来てくれる。

だが院側からすれば負担が高まるばかりだし、しかも不支給というケースも増えていく一方だろう。苦労はどんどん増えるのに、身入りはますます減っていく。こんな保険診療にしがみついていては、院の経営はじり貧になっていくばかりだ。

だから完全自費診療を目指すのだが、あくまでも「段階的に」というところがポイントである。いや、別に一気に切り替えてしまっても良いのだが、それをやると往々にして失敗する。保険診療と自費診療とでは、あなたが販売するサービス……つまり施術の内容やそれに対する価値付け、売り方も変わってくる。経営者の頭の切り換えがすぐにはできないし、スタッフもついていけない。

保険診療にほとほと嫌気が差している院長の中には「もう保険なんかやってられるか！」とばかり、一気に自費診療に切り替えてしまう方もいる。だがこれは無謀にすぎる。一時の感情にまかせて行動してしまうと、後で必ず後悔する。ステップを踏んで、順序だてて進めていくことだ。

自費診療への移行は、まず値上げから

前項でお話しした「一気に自費に移行してしまう」というのは、現実にはレアなケースだ。決して多いわけではないが、中にはこうした院長もいる。彼らのほとんどは、その後さらに苦しい思いをすることになるので、決して真似してはいけない。

そこで段階を踏んで……ということになるのだが、ではどのように値上げしていけばいいか? これはケースバイケースではある。

まず、自費診療を一切行っていない、というケース。正直、これで経営が成り立っている治療院がどれほどあるのか不明だが、もしそうした状況なら、まずは自費のメニューを設定するところからだ。通常、行っている治療とは別に、自費専用のメニューをいくつか設けると良いだろう。まずは自費診療そのものに慣れていくことだ。

すでに自費診療を扱っているのであれば、「自費分を増やす」ことを考える。これは自費の患者さんを増やすというやり方もあるが、それよりも自費分の治療内容を見直し、その中で値上げをしていく、というやり方がスムーズだろう。

「治療内容を見直すといっても、どこをどのように変えればいいの?」

そんな声も出てくることだろう。
メニューの見直しにはいくつかの方法があるので、その一例を挙げておく。それぞれの院によって事情は違うし、得手不得手もあるだろうから、まずは手を付けやすいところから始めるといい。

〈セットメニューにする〉

レストランなどで一般的なセットメニュー。治療時間全体は変わらないのだが、その中で複数の治療を組み合わせ、自費分を上乗せするという方法。
たとえば鍼灸ができる先生なら、整骨での治療に加えて、鍼治療を加える。治療部位に整骨だけでなく鍼も併用する、多角的な治療法として提供できる。

〈時間を長くする〉

セットメニューと併用すると患者さんにも判りやすい。「通常治療に加えて、〇〇〇〇を〇分間」という形。この追加部分が自費診療分になる。

〈ネーミングを変える〉

よくあるものだが「○○式施術」「○○メソッド」というもの。われわれ治療家にとっては特に目新しいものでなくても、一般の患者さんにしてみれば、何か特別なものに見えるものはいくつもある。また複数の施術を組み合わせたセットメニューにこうした名称を付けて用意しておけば、自院のウリにもなるだろう。

もちろん、あなたが独自の手技や施術法をお持ちなのであれば、積極的に前に出してアピールしていくべきだ。それはあなたならではの技術なのだから、遠慮することはない。自費分としてどんどん施術して、ガンガン収益につなげていくべきである。

値上げ幅はどれくらいが適当か？

いざ値上げ、というときに悩むのが「いくらくらい値上げすればいいか？」ということだ。これも「ただ一つの正解」というものがない。高すぎると患者さんは手を出しにくいし、低すぎてもいけない。ただ、従来の治療で患者さんが支払っている金額の二

○%増し、というのがひとつの目安になる。金額にすれば数百円というレベルだ。
もちろん値上げをするからには、それなりの付加価値を治療に加えなくてはならない。それが先ほど例に挙げた、いくつかのやり方だ。

これまでよりも時間を延長する。複数の治療を追加してセットメニューにする。あなた独自の治療を提供できるなら、なお良い。それらは患者さんにとって価値のあることだし、立派な値上げの理由になる。その価値に対して、患者さんは喜んでお金を払ってくれるのだ。

「でも、そうじゃない患者さんもいるじゃないか」

あなたはそう思うかもしれない。その通りだ。

二○%の値上げというのは、幅としては決して小さいものではない。そのため値上げに当たっては「患者さんが離れてしまうのではないか」という不安が、どうしてもぬぐえない。それはもっともなことで、実際に値上げをしたらその通りの結果になるだろう。

だが値上げをするのは、実はそのためでもあるのだ。今いる患者さんに離れていただく……というのも、値上げの隠れた目的なのである。

値上げによって患者さんを入れ替える

より正確に言えば、値上げは「患者さんを入れ替える」ために行うものでもある。値上げ幅が小さすぎると、この「患者さんの入れ替え」が起こりにくくなるのだ。収益を上げる一方で治療の幅を広げ、さらに患者さんの入れ替えをスムーズに進めるには「二〇％値上げ」というのがちょうどいいラインであり、そのため値上げ幅の目安とするわけだ。

それにしても「患者さんの入れ替え」とはどういうことか？　少々身も蓋もない言い方になってしまうが、これは「優良な患者さんを増やして、そうでない患者さんを切っていく」ということになる。

今さら言うまでもないが、保険診療では患者さん自身が支払う窓口負担額が治療費全体の三〇％、場合によっては一〇％だ。二〇〇〇円のものが六〇〇円、二〇〇〇円で買えてしまうのだ。これで治療が受けられるとなれば、それこそ頻繁に通いたくなるのは人情というもの。かくして保険診療の患者さんが増えていく。

だが第一章でもお話しした通り、保険診療にしがみついていても未来はない。ただ毎日が忙しく、ろくろく休む間もなく治療を続け、煩わしい保険請求をこなしても「不支給」の声におびえ、一向に上向かない院の経営に頭を抱える……。このような結果になってしまう。

保険診療の患者さんは、端的にいえば「安いから来る患者さん」なのだ。あなたの治療が受けたくて来院しているわけではない。少しのお金で、あれこれの施術で体が楽になり、しかも待ち時間には待合室で顔見知りとのおしゃべりも楽しめる。そのために来ている患者さんなのだ。だから、たいした痛みでなくてもやって来る。

そしてまたこうした患者さんは、往々にして厄介だ。治療の内容にもブツブツ言い、周囲の患者さんに「料金が安いから、手を抜いている」などと、治療師やスタッフの陰口を叩く。無理な注文やクレームを入れてきたりする。予約時間に来院してくれなかったり、連絡もせずに予約をすっぽかしたりもする。なかなかたちが悪い。

すべては身銭を切っていないというところに根ざしているようにも思えてしまう。たかだか数百円のことであれば、別に約束の時間に少々遅れたところで……と、甘く見てしまうのではなかろうか。

こうした患者さんはまさにミカン箱の腐ったミカンのごとく、その悪影響を周囲に広げていく。これは本当に不思議なことだが、あまり質の良くない患者さんが一人いると、それがすぐに増えていく。そうしてどんどんまわりを浸食してしまうのだ。院内の雰囲気は悪くなるばかりだし、それは決して良いことではない。

あなたの院の患者さんが、あなたの治療を受けたいと思って来院しているのならば、それがたとえ自費診療であっても、少々料金が上がっても、来院し続けるはずだ。そうでないなら、その患者さんは「自院にとってプラスにならないお客」にすぎないのである。

ここは治療家ではなく経営者の頭で考えてほしいのだが、客商売では「客層」の善し悪しがとても重要だ。類は友を呼ぶという言葉通り、客層の良い店には良いお客さんが集まり、繁盛していく。そうでない店はいつまでたっても浮き上がっていけない。

整骨院もサービス業、客商売である以上、お客さんの選別は絶対に必要だ。それを実現する手段のひとつが、値上げなのである。良い患者さんを増やし、そうでない患者さんを切っていく、つまり患者さんを入れ替えていくということは、院の収益を改善し、経営を安定させるうえで、不可欠のものだと考えていただきたい。

患者さんが入れ替わると何が起こるか？

さて、値上げをすると患者さんはどのように入れ替わっていくのか。

まず、安さだけで来院していた患者さんは明らかに減る。そのかわり、より治療に対して真剣で前向きな患者さんだけが残っていく。彼らは決まった間隔で治療に訪れ、治療家の話を聞き、指導を守る。治ろう、良くなろうという意志が明確に見える。こうした患者さんが相手であれば、われわれ治療家も腕の振るいようがあるというものだ。施術にも力が入るし、何より精神衛生上もよろしい。気分良く施術でき、しかも売上も上がるというなら、何よりだ。

つまり、値上げをすると患者さんの質が上がる。客層が良くなるのだ。私自身の経験に加えて、これまで多くの治療院の経営改善に関わってきたが、どの場合でもこの現象はほぼ間違いなく起こってきた。ただ値上げの際にはその上げ幅が重要で、最低でも二〇％は上げるようにしなくてはいけない。そうでないと患者さんの入れ替えが起こらず、ただ忙しい状況が続くだけになってしまう。

そして患者さんの層が変わるとともに、患者さんの数が一時的に減る。これもまた当然のように起こることだが、あまり心配はしなくていい。その後の集客をしっかりやれば、値上げから一ヶ月後には来院者数は回復できる。

それよりも、患者さんが少なくなるということは、治療師の側に休む時間ができるということでもある。

保険診療を中心に経営していると、どうしても保険の比重が大きくなる。だが保険診療は治療・経営ともに負荷が大きく、効率が良くない。労多くして身入りが少ないのだ。だから経営を安定させるために数をこなそうとする。実際、保険をメインにやっていたら、数をこなさなければとても院の経営は成り立たない。そのためひたすら治療に励むことになる。

治療師としてはやりがいを感じるところかもしれないが、経営という目で見れば、決して好ましいことではない。時間的な余裕がまったくなく、それこそ休むヒマもないのでは、これ以上の収益向上は望めない。朝から晩まで働いて、それで大いに利益が上がっているならまだしも、収益はちっとも伸びてくれない、というのが多くの院が直面している現実だろう。

だが値上げによる患者さんの入れ替え、それによる患者数減少によって、治療師側に時間ができる。この時間を有効に使って、まずは疲れた体を休めよう。人の痛みを癒す治療師が、疲れ切っていたのでは仕方がない。まずはしっかり休息をとることだ。

そしてこの時間を使って今後の方策を練り、行動していくことだ。

値上げは集客とセットで考えておく

値上げをすると、一時的に患者さんは減っていく。だが二〇％程度の値上げ幅であれば、すべての患者さんが離れてしまうということはない。だからあまり心配しすぎることはないが、もちろんそのままの状態で良いわけではない。新料金で患者さんを集める、集客をしなくてはならない。

値上げと同時に行う集客は、単に患者さんを集めるというだけでなく、新料金のテストも兼ねている。値上げ後の料金が、果たして患者さんを呼べるものであるかどうか。それがこの集客で試されるというわけだ。だから値上げをするときには、上げ幅ももちろんだが、それに伴うメニューの内容もしっかり練っておく必要がある。そのメニューが魅力的で、しかも新料金とマッチしたものでないと、この集客がうまくいかない。

つまり値上げと集客は二つで一つのもので、値上げの際には集客までセットで考えておくことが肝要だということだ。そしてここでの集客は、優良な患者さんを選別して取り込んでいくためのもの。だから「こんな患者さんに来てほしい」というターゲット像を明確にしておいて、そうした人たちにアピールしていくことが大切だ。やみくもに広告告知を行って「誰でもいいから来てください」ではいけない。

では、ぜひ来院してほしい患者さんというのは、どのような人たちだろう?

まず悩みが深く、より困っている人。整形外科での治療や保険診療では改善されない人。つまり真剣度が大きく、受診意欲の高い人、ということになる。こういう人たちは治療院での自費診療に期待を持ってくれる。「この辛さが取れるなら、少々料金が高くても構わない」、そう思っている人たちだ。

そもそも保険診療ではできる施術に限界があるし、あまり長時間の治療もできない。だから治療効果をそれ以上に高めることが難しく、そこに付加価値も付けにくい。だが自費診療で行えば、その人に合わせた治療を自由に組み立てることができるし、時間をかけて施術できる。当然、患者さんの満足度は高い。

もちろん、ある程度の料金設定でなおかつ患者さんに満足していただくためには、料金に見合う価値ある施術を行わねばならない。だが施術に満足すれば彼らは喜んでお金を払ってくれるし、リピーターにもなってくれる。

まさに優良顧客で、こうした患者さんが増えてくれれば言うことなしである。ではそのようなターゲットに対して、どんなアプローチをかけていけばいいのだろう？

集客のしかたはケースバイケースだが

治療院の広告については皆さんご存じの広告規制があるため、できることに制限はある。とはいえ、いろいろな形で周囲へアピールする方法はある。

業者に依頼してポスティングをしたり、地域のタウン誌に情報を載せたり。ホームページやSNSを活用するという方法もあるだろう。さらに時間はかかるが、患者さんの口コミや紹介を狙うという方法もある。

集客のしかたはさまざまだが、どの方法が良いのかは、これと決めることはできない。その院の立地や近隣の競合の状況など、条件によってかなり違ってくるからだ。そこで、ここでは集客にあたって留意するべき共通事項について、いくつかお話ししておくことにする。

まずは前項でも少し触れたが、「ターゲットを明確にする」こと。これは広告の世界では常識で、誰に向けてのメッセージなのかをはっきりさせておく、ということだ。

世の中、広告媒体というものは数多くある。新聞・雑誌、テレビ、ラジオ、近年ではネット広告も盛んだ。もっともこれらのマスメディアへの広告は、治療院にはほとんど縁はないだろう。むしろ地域密着型のタウン誌やポスティング、あるいは新聞折込などは有望かもしれない。これら多くの媒体のどれを選ぶかは、それが「誰に向けたものなのか」を踏まえて決める必要がある。

またメッセージの中身も重要だが、これも誰に向けたものなのかによって、内容が変わってくる。膝が痛くて、階段の昇り降りが辛い。朝、起き抜けの腰痛がひどい。こうした具体的な悩みを持つ人々に届くメッセージを作れば、それだけ集客効果を高めることもできるだろう。

私が主宰するセミナーでは、このあたりの細かい話もしており、また一部は動画として公開している。より突っ込んだ話をお聞きになりたい方は、そちらをご覧いただくのがいいだろう。

いずれにしても、患者さんを集めるときには「何を、誰に、どのように伝えるか」を意識しておくことが重要だ。

こうなったら値上げのタイミング

このように、値上げと集客を繰り返すことで自費診療への移行を図っていく。最終的に一〇〇%自費診療にまで持っていければ移行作業は完了だ。値上げを何回行うかは状況次第だが、おおよそ三回も行えば、多くの治療院ではほぼ完全自費という状態にまで持っていけるだろう。

ただ問題になるのは、それら複数回の値上げを「いつ行うか」ということ。つまりどうやって値上げのタイミングを測ればいいかということだ。

私は「値上げ、値上げ」と盛んに繰り返しているが、当然ながらやみくもに値上げに走っても意味がない。また治療院は立地や競合の状況などによって、客層や集客の方法が違ってくる。だから値上げの時期にしても、一律「○ヶ月おき」などと言うことができない。

だから状況を見てタイミングを測ることが大切なのだが、それにはいくつかの目安がある。いちばん判りやすいのは、スタッフの稼働率だ。これは院長一人でやっている院でも、四～五人の治療師を抱えている院でも、ほぼ共通して目安にできる。

患者さんが増えてきて予約が増え、治療師が忙しくなっていく。この稼働率が一〇〇％になってしまうと飽和状態だ。それ以上の患者さんを受け入れることができない。そこに達する前、だいたい七〇％を超えるあたりがひとつのラインだ。このくらいになってくると治療の予約が取りにくくなってきているはずで、値上げするにはちょうど良い潮時だ。

もうひとつは新患の数である。治療院では定期的に来院するお馴染みさんのほか、新規の患者さんも一定数来院するが、スタッフひとりにつき毎月平均一五人から二〇人来院すれば値上げにはいいタイミングだ。

新規の患者さんの中には良い患者さんもいればそうでない患者さんもいる。先にお話しした腐ったミカンの例と同じく、あまりたちの良くない患者さんは、院としてもご遠慮いただきたいところだ。となると、新規の患者さんが増えてきたところで値上げをし、患者さんの選別を図ることが必要になってくる。

稼働率七〇％あるいはスタッフひとりにつき新患二〇人。そろそろこのラインに届くな……という頃合いになったなら、集客のプランとともに、値上げの準備にかかるといいだろう。

患者さんが納得する「値上げの理由」

院の経営を考えれば、値上げは必須だ。だがそれは院側の都合であって、治療を受けに来る患者さんにとっては、直接関わりのないことだ。だから多くの院長は値上げの必要性を感じていても「患者さんに申し訳ないから」という理由で、値上げをためらう。気持ちは判る。だがそれではいつまでたっても、院の経営は改善しない。ではどうするか？

頭を切り換えれば簡単なことなのだが、患者さんが納得できる「値上げの理由」を用意しておけばいい。

いちばん判りやすいのは、「治療師の多忙」を理由にしてしまうことだ。

患者さんから多くのご愛顧をいただき、とても忙しい状況になってきた。ありがたいことではあるが、さすがにこうなると、すべての患者さんに満足のいく治療を施すことが難しくなってくる。そこで治療の質を保つため、値上げをする。患者さんにはご迷惑をおかけするが、今まで以上の高品質な治療をお届けするので、ご理解いただきたい……と、このようなアナウンスをすればいい。つまり「真剣度・深刻度の高い患者さんに、高品質な治療を提供し続けるため」というわけだ。こうした理由で「治療人数を限らせていただきます」という理屈にすれば、患者さんから文句が出ることはまずない。

他にも、新しい治療機器を導入したとか、設備の更新や施設の改装を行ったなどというのは、値上げのための理由としては理解されやすいものだ。治療メニューを変えたというのも効果的。現実的にはあまり大差なくても、患者さんから見たときにどれほど目新しく、価値を感じられるかということが大事だ。治療のネーミングを変えて目新しさを出すというのも一法。治療時間を少し長くして、そこに新しい要素を入れ込めばなお良い。いずれもすでにお話ししたことだが、これらの理由で値上げに踏み切るというのであれば、患者さんは納得してくれる。

私の場合、値上げの理由のひとつとして多忙を掲げた。値上げは院側の事情ではあるけれども、一方で「患者さんに最適な治療を提供したい」というのもその理由のひとつである。決して嘘八百を並べているわけではない。そのため患者さんからは文句を言われるどころか、むしろねぎらいの言葉までいただいた。

「そうだよねえ、先生、忙しすぎるもんねえ」

理解してくれる患者さんは残ってくれる。理解してくれない患者さんは離れていくが、それは仕方のないことだし、また願ったり叶ったりでもある。減った分は新たに集客をして、取り戻していけばいい。

こうして値上げと集客を二度三度と繰り返していくと、売上全体に占める保険診療の割合がどんどん下がっていく。そうなれば、やがて自然消滅的に保険診療は終息に向かい、「完全自費診療」というところまで到達する。

「来る者拒まず」では建て直しはできない

ここまで私は何度も「患者さんを選別することが必要だ」をお話ししてきた。その理由を知れば、誰でもその必要性を理解してくれるだろう。だが頭では理解していても、なかなか実行に移せない……という例は数限りなくある。というより、治療家の方々の多くは「やって来る患者さんを拒否してはいけない」という意識が非常に強いように思う。

だが、われわれは医師ではない。やって来る患者さんすべてを受け入れなくてはならない義務は、法的にはない。さらに言えば、治療家にとって自院は「自分の城」だ。自分が良いと思った通りにしつらえて、自分がやりたい治療ができる。誰の指図も受けない。なぜそこに、わざわざ「好ましくない客」を入れる必要があるのか。

「患者さんを選別するのは、倫理に反する」という意見はあるが、そう思うならばそうすればいいと思う。だが多くの場合、それでは院の経営はいつまでも低空飛行のままだ。改善することはない。

ではすべての患者さんを受け入れつつ、経営を改善することはできないか？　できないとは言わないが、おそらくかなり難しい作業になるだろう。どのような方法をとればいいのか、正直私にも判らない。もしかしたら私など思いつきもしない離れ業があるのかもしれない。

だが私はこれまで、数多くのコンサルの意見を聞き、その指導に耳を傾けてきた。その経験を振り返ってみても、患者さんの選別なくして経営の改善を図るという手法は、聞いたことがない。経営改善は保険から自費診療へのシフトというのが王道で、その過程で患者さんの選別・入れ替えが起こるのは仕方のないことだし、必要なことだと考えている。

「来る者拒まず」と悠々と構えていては、経営改善はほど遠いと知るべきだろう。

患者さんを選別するあの手この手

話のついでに患者さんの選別について、もう少しお話ししておこう。

これまでにお話ししてきた料金値上げは、患者さんを選別する間接的な手段である。料金を上げることで、安さを目当てに来院していた患者さんを切り、真剣度の高い患者さんだけを選別していくという方法だ。だがもちろん、他にもやり方はある。

ひとつには「院内に貼り紙をしておく」という手が効果的だ。

予約を入れても遅刻が多い。直前のキャンセル、さらに連絡なしで予約をすっぽかす。このような患者さんは治療する側にとってはモチベーションが下がるし、他の患者さんの診療にも影響する。だから「こうした方は診療をお断りする場合があります」などと、明記しておくのだ。ウチは真剣に治療に当たっていますから、患者さんも真剣に受けに来てくださいね……。そうしたメッセージの発信にもなり、院の信頼度も上がろうというものだ。

同じことを問診票に記載しておくのもいい。初診のときに記入してもらう問診票、ここに注意事項として「こういう方は診ません」ということを列記しておき、しっかりと伝えておくのである。院のルールを示しておくのだ。

治療家にとっては、けっこうハードルが高いかもしれない。「こんなことをしていたら、患者さんが来ないんじゃないか？」、そう思うかもしれない。

だが、こちらが真剣になれば、その真剣さは患者さんにも伝わるものだ。逆に、真剣度が低い方の場合は、この問診票を見た時点で「えっ？」と思うかもしれない。それでいい。

治療院には、本当にいろいろな人がやってくる。中にはルーズな人もいるし、忘れっぽい人もいる。だがあまりに目に余るようなら、やはり排除していくしかない。それは院を守るためでもあるし、他の患者さんを守るためでもあるからだ。

さらに変わったケースでは、自分の素性を明かしたがらない人がいる。住所や連絡先、氏名までも知らせたくないというのだ。保険診療の場合は保険証の提示があるので、そうしたことはないのだが、自費診療だと、まれにこうした患者さんがいる。

正直いって、これは怖い。住所も連絡先も、あろうことか名前も明らかにしたくないなどと、何やらひどくダークな匂いを感じてしまう。だいたい、連絡先さえ教えてくれないのでは、施術中に何らかのトラブルが起こったような場合にも、すぐに家族なり関係者なりに連絡がとれない。だから、こうした患者さんは初診時に治療をご遠慮いただくようにする。

計画通りに来院してくれない方も同様だ。こちらは症状を診て、そのうえで治療プランを立てて治療にあたるのだから、それを無視するかのように気まぐれに来院する患者さんは困りものだ。こうした患者さんも「治療計画通りにご来院いただけないと、効果が望めません」ということで、排除するようにする。

患者さんを「お断り」するテクニック

前項で挙げた「好ましからざる客」、確かに院の経営にとってはよろしくない存在だが、と言って「もう来ないでくれ」と出入禁止にするわけにもいかない。よその治療院に鞍替えして、そこで自院の陰口をあれこれ言われるのも心外だ。

ドタキャンや遅刻が多いなどという場合は本人にも自覚があるから「こんな調子では、治療を続けることができませんよ？」などと、ちょっと強めに釘を刺すことはできる。

だがそれすらも、本人を前にしてはなかなか言いづらいものだろう。私もそうだったから、よく判る。

こんなときに私がよく使った手が「お力になれません」というものだ。

「○○さん、もうずいぶん通われてますね」
「どうも効果の出方が鈍いんですよ」
「今のまま治療を続けても、どうにもならない感じがします」
「念のため、病院で精密検査を受けてみませんか？」

だいたいこんな感じである。

これ以上は効果が見込めない、と言われて、それでも通院を続ける人はまずいない。そのまま来なくなるか、あるいは他院に鞍替えするか、どちらかだ。

値上げをすれば、これまでの患者さんの何割かは自然と離れていくが、中には「離れてほしいのに、ついてくる」という患者さんもいる。そんなときには、ぜひこの方法を試していただきたい。

メンタルブロックに邪魔をさせるな！

さて、ここからは少し方向転換して「メンタルブロック」についてお話ししておこう。値上げを繰り返して自費診療へと移行し、経営改善を果たすためには、ぜひ知っておいていただきたいことだ。

人は何らかの行動を起こすとき、あるいは起こそうとするときに、特に理由もなくそれを押しとどめようとする意識が働くことがある。これがメンタルブロックだ。誰かに行動を止められたり、邪魔が入ったりというわけではなく、自分の意識が行動にブレーキをかけてしまうのである。

たとえば「値上げが必要だ、そうしないと院の経営が成り立たない」と頭では判っていても「いや、まだ大丈夫。なんとかなる」などと、行動に移さない。すでに経営が逼迫しているのに、である。あるいは値上げそのものに対して「患者さんにそんなにお金を払わせるなんて、できない」と、否定的になる。これらは値上げを考える院長の多くが体験するメンタルブロックだ。

もちろん、否定的な意識がすべてメンタルブロックだというわけではない。いろいろな条件を考え、あれこれ検討したうえで「やめておこう」「まだその時期ではない」と結論づけることはあるだろう。だがメンタルブロックでは、理由があいまいではっきりしない。なんとなく……なのである。深く深く掘り下げていくと、そこには思わぬ理由があったりもするのだが、ほとんどの人はその真の理由に気づいていない。そしてなんとなく「それは良くない」「やっぱり、やめておこう」ということになってしまうのだ。

優柔不断でなかなか決断できない人や、頭では判っているのに行動が伴わない人、常に課題や問題を先送りにしたがる人などは、たいていこのメンタルブロックが強い人だ。

そしてこうした意識の働きは、いろいろな場面で表れる。

特にこれまでの環境や方法を変えようとするとき、このメンタルブロックは表れやすい。自分の意識が自分の行動を止めてしまうのだから、乗り越えるのは厄介だ。何しろ他人の手で取り除いてもらう、ということができない。自分で気づき、自分で排除していくしかないのだ。

さまざまな場面で表れるメンタルブロックだが、その都度、乗り越えていかねば院の経営改善はおぼつかない。こんな奴に邪魔させるわけにはいかないのだ。

値上げをためらう理由はどこにあるのか？

自費診療への移行を進める中では、さまざまなメンタルブロックがあなたの前に現れる。これは非常に強力な障害ではあるが、もちろん乗り越えることができるものだ。その主な例をお話ししておこう。

まず登場するのは、値上げそのものに対する否定感だ。そして多くの場合、院長は「患者さんの負担を大きくするわけにはいかない」と考える。

その心配は確かにもっともだ。では質問したいのだが、あなたは自院での治療を通して、その価値にふさわしい対価を得られているのだろうか？

人の痛みや苦しみを取り除くことは治療家の使命であり、喜びでもある。そのために日々の治療を行っていると言ってもいい。それは素晴らしい理念だろう。

だが「それならば無報酬で良いか？」となると、話が変わる。満足のいく治療を提供するためにはさまざまなコストがかかる。家賃や人件費、光熱費、各種の資機材費、その他もろもろのコストがかかっているから、最低限それを捻出しなくてはならない。さらに自分自身と家族が食べていけるだけの収入が必要だ。もっと言えば、時間的・経済的な余裕もほしい。治療にあたるかたわらで勉強したり、体を休めたりする時間が必要だし、新たな手技や知識を身につけるためにセミナーなどに出向くことだってある。余裕がなければ、こうした作業はできない。

つまり、治療師としての理念はどうあれ、その理念を継続的に実現していくためには、それなりのお金が必要で、それは治療の対価としてしか得られないのである。そして忙しいにもかかわらず院の経営が思わしくないということは、その時点であなたは「適性な対価を得られていない」ということになる。つまり、今のあなたは自分の価値を安売りすぎている、というわけだ。

こう考えれば、値上げをためらう理由はどこにもなくなる。むしろ、今までの安すぎた料金を適性なレベルに高めていくためのステップなのだということができるはずだ。

治療家は、もっとお金に興味を持つべし！

これは私の目で見てのことだが、治療家といわれる人々は、概してお金に疎い。それは「治療家の理念」という理想論を意識しすぎているところもあるだろう。あるいは、時折報道される不正請求のニュースに触れ、お金に興味を持つことに漠然とした嫌悪感を抱いているのかもしれない。その理由はどうあれ、治療家という人々はどうも、お金のことをあまり考えていないように思う。

だが人が社会で生きていくにはお金が必要だ。それは治療院を運営するためにも必要だし、痛みに苦しむ人に最適な治療を施すためにも必要なものだ。そしてあなたが自信と喜びを持って日々の治療に励むためにも、お金は絶対に必要なのである。当たり前のことだ。いつもお金の心配が頭を離れず、来月は大丈夫だろうかとビクビクしている治療家が、人を癒すことができるだろうか？　誇りとともに、満足のいく治療を行えるのだろうか？　答は明らかだろう。

だから、治療家は……院の経営に携わる院長であればなおのこと、お金のことを真剣に考え、適正な方法で適正な利益を上げることを追求し、そのためにいろいろな方策を考え、実践していくことに前向きになる必要がある。また患者さんに対しても妙な遠慮をすることなく、堂々と料金を掲げる姿勢が必要だ。

そもそも、商売において売り手と買い手は対等の立場であるはずだ。売り手は自分が持っているモノやサービスを提供し、買い手はその対価としてお金を払う。売り手の商品と買い手が支払う金額は等価であるはずだ。だからそこには「売ってやる」「買ってやる」などという上下関係は存在しない。ところがどういうわけか、治療家の皆さんは料金値上げというと「患者さんからより多くのお金を奪う」という感覚になるらしい。

確かに数百円の保険診療から数千円の自費治療へとシフトすれば、患者さんの負担は大きい。だがそもそもの保険診療にしても、料金の大部分は患者さんに代わって各種の保険者が支払っているのだ。つまり患者さんはそれだけ「得をしている」ということになる。自費診療への移行は、そうした得ができなくなる、というだけのことだ。「より多くを奪う」というとらえ方は間違いだろう。

「患者さんにこんなに払わせて申し訳ない」という感覚がどうしても抜けないのならば、その対価に見合うだけの治療を提供すればいい。すでにお話ししたように、治療内容を見直し、複数の治療を組み合わせるなどして、患者さんが満足し、納得のいく治療を提供すればいいのだ。そして堂々と胸を張って、その治療に見合う対価をいただけば、それで良いのである。

お金に馴染むための方法あれこれ

前項で、治療家はもっとお金に馴染むべきだとお話しした。ことに治療院を経営する院長ならば、なおさらだ。もしも院の運営が立ち行かなくなってしまったら、スタッフはもちろん、患者さんにも迷惑をかけることになる。一治療家として治療にあたるのも必要なことだが、経営者として院の運営に支障がないよう、しっかり管理していかねばならない。そうなれば、お金の管理もきちんとしておく必要があるし、そのためにはまず「お金に馴染む」ことが大切だ。

私自身、以前は経営者感覚が薄く、お金に対してあまり頓着しないところがあった。そのために苦しい状況を招いてしまったのだが、そこから脱する過程で、あれこれのやり方でお金に慣れるようにしてきた。

たとえば、財布の中に常に一〇万円、一五万円くらいの現金を入れておく。かなりかさばるが、少し大きめの財布に替えるのもいいだろう。こうしてある程度の現金をいつでも使える状態で持ち歩く。

あるいは、自宅にまとまった額の現金を用意しておいて、毎朝それを数えてから仕事に出向く。一万円札の束を一枚ずつ数え終えてから出かけるのである。少々不用心だし、お世辞にも品が良いとはいえないが、お金に馴染み、慣れるには良い方法だ。

また、値上げをした際には新料金について患者さんに説明しなくてはならない。予約を受けるときには受付スタッフから患者さんに伝えてもらうしかないが、治療を終えて精算するときには、院長みずから「〇〇円になります」と患者さんに伝えることをお勧めする。自分自身が口にすることで、それだけの金額をいただくのだということを意識づけるのである。

ささいなことではあるが、こうしたことを院長自身が行えば、経営に対する姿勢、お金に対する姿勢が少しずつ変わってくるはずだ。精算時については、院長ではなく担当したスタッフに言わせるようにしてもいい。彼らとて今は雇われ治療師の身ではあるけれど、やがては一国一城の主になる時が来るだろう。その時のために今からお金に慣れさせておくというのも、若手教育の一環として有意義であるはずだから。

その技術はいくらで売れるのか?

治療家の皆さんは、技術の習得についてはとても熱心だ。

柔道整復師は身につけた専門知識と技術が売りものなのだから、その技術を磨くことは決して間違いではない。むしろ正道だろう。だが、技術を磨けば売上が上がるかというと、必ずしもそうではない。

私は断言するが、おそらく全国の接骨院・整骨院のオーナーのうち、九割以上の方々が、ここに気づいていないと思う。腕を上げれば患者さんが増え、売上も伸びる。それはまったくの幻想に過ぎない。治療家気質だけでは、経営は成り立たないのだ。身につけたその技術にいくらの値をつけ、どのように売っていくのかを考えなくては、宝の持ち腐れなのである。

これは私のセミナーの参加者の中にもよく見られるケースなのだが、腕を磨こうとして技術セミナーに参加する。内容はいろいろだが、それなりの参加費を払って数日間の研修を受ける。それを何度か繰り返し、患者さんに施術できる程度の技術を身につける。

ここまでで、すでにかなりのコストと手間、時間がかかっている。それと引き替えに身につけた技術なのだから、それを提供する際には「かけたコスト」に見合うだけの対価を、患者さんからいただかねば帳尻が合わない。

だがなぜか、それをしない治療師はとても多い。新たな技術を身につけ、あるいは腕を上げて、それを患者さんに提供するところまでで満足してしまうのだ。それに見合った対価を得ようとしないのである。

「何のために技術セミナーに行ったんです？」

「腕を磨きたかったからです」

「では、そこにかかったコストは、どこで回収するのですか？」

「…………」

こういうやりとりを、私はこれまで数多く経験してきた。皆さん、自分の価値を理解していないのだ。そればかりか、自分の価値が高まったにも関わらず、その価値を対価に反映させようとしない。

これでは院の経営が苦しくなるのも当然である。

自分の治療は、患者さんにどれほどの価値を提供しているのか。お金に換算して、どれほどの価値があるのか。自分で測るのが難しいなら、近所にある他院におもむき、治療を受けてみるのもいいだろう。そうすれば治療に対してどれほどの価値を設定しているのか、見えてくるはずだ。

あなたが提供しているのは、治療だけではない！

治療家は技術で稼ぐ職人だ。だから自分の腕に対するこだわりは強いし、また腕一本で生きようという意識も概して強い。それにしては、その技術を適正に自己評価できない治療家が多いのだが、まぁそれも職業柄というものかもしれない。

だが治療家が患者さんに提供しているのは、決して治療技術だけではない。これも、すべての院長先生にきちんと認識していただきたいところだ。

「治療家の売り物は治療技術だろう? 他に何があるっていうんだ?」

こんなことを言っていてはいけない。あなたはきっと、他の価値も患者さんに提供しているはずだ。

あなたの治療院は、どのようなところだろう? おそらく院内は静かで清潔で、必要な数のベッドを並べ、カーテンなどで間仕切りしてあることだろう。空調を効かせて空気清浄機などを使い、居心地の良い環境を整えているのではないだろうか。あるいは女性が好むリラクゼーションサロンのように、照明を暗めにしたり、リラックスできる環境音楽を流したり、ほのかにアロマの香りを漂わせたりしているかもしれない。

もちろんスタッフにもきちんと教育を施し、折り目正しい応対や清潔感のあるスタイルを徹底していることだろう。

これらすべてが、あなたの治療院が提供する価値なのだ。

ゴッドハンドと呼ばれるレベルになれば別だが、治療家の腕の差というものは、一般の患者さんにはあまり判らないものだ。また相性というものもあるから、一人の治療家に対しても、患者さんからの評価は賛否両論に分かれることだってある。もちろん腕が良いに越したことはないし、治療家である以上、技術を磨くのは大切なことだ。

だが「腕を磨けば人が来る」というものでもない。患者さんは意外と、その場の居心地の良さやスタッフの応対などで、治療院の善し悪しを測っている。つまり、治療技術とは直接関係のないところでも、患者さんに提供できる価値を生み出すことはできる、というわけだ。

自費への移行にはスタッフの理解も必要

値上げを通じて自費診療へと移行していくときには、スタッフの理解を得ることも忘れてはいけない。それを無視し、院長の独断だけで保険診療をやめてしまうと、組織にほころびが生まれる原因になりやすい。

多くの院長先生がそうであるように、スタッフの中にも治療家としての意識がある。だからいきなり完全自費へと舵を切ってしまうと「保険の患者さんを切り捨てるのか？」という思いが湧き起こってくる。それもまたメンタルブロックのひとつなのだが、それを今すぐ解消することはできない。

また院長は経営者であるから、院の収支にも目が届くけれども、スタッフはそうではない。経営的な状況や判断というものからは遠い場所にいる。それだけに「なぜ自費に移行しなくてはならないのか」という必然性が飲み込めない。

つまり院の経営というものに対しては、院長とスタッフの間に温度差があるのだ。その溝を放置したまま方向転換をすると、スタッフがついて行けない。結果、ある日突然「辞めます」と辞表を差し出されることになってしまう。

実は私自身が、若い頃にはこうした傾向が多分にあった。院の方針、院長のやり方というものに納得がいかず、あれこれ意見をするのだが、聞き入れてもらえない。ついには「こんなところにいられるものか」とばかり、ケンカ別れ同様に院を飛び出してしまう。そんなことを何度、繰り返したことだろう。まさに若気の至りである。

今思い返してみても、当時の私が間違っていたとは思わない。だが、やはり思慮の足りないところは多々あったと思う。スタッフの一員という立場と、院長という立場、さらには患者さんへの治療だけでなく院の経営・運営というところまで目が届いていたら、また別の動き方もあっただろう。

どんな業界でも、経営者と社員とでは、見ているものも考えていることも違う。そこに溝が生まれるのは仕方ない。だがそれを埋めていく努力は、双方に必要なことだと思う。経営者である院長には、特にそうした姿勢が必要だろう。

あなたの院はあなたの城だ。だからあなたが良いと思う方向に動かしていくことができるし、それは当然のことでもある。だが院が院として機能するためには、やはりスタッフの存在が欠かせない。腕の良い、優秀なスタッフならばなおさらだ。

だから院の方針を変えていくという場面では、スタッフにも十分に事情を説明し、理解してもらうことが肝要だ。院長がただ突っ走るだけでは、組織が空中分解してしまう危険もあるのである。

COLUMN
コラム

ドリームキラーにどう対処するか？

何か事を起こそうとするときに入る邪魔。それは自分の心の中にあるメンタルブロックだけではない。周囲の人々から強硬な反対を受けることがある。彼らがドリームキラーだ。

ドリームキラーはその名の通り、あなたの夢を潰そうとする存在だ。そしてごく身近な人々であることが多い。親しい友人や先輩、同僚、親兄弟などの親族・家族。また私たち柔整師の場合であれば、親しくしている同業の先生であったりもする。

せっかく一旗揚げようと気合が入っているところに、彼らは遠慮なく水を差す。まったく、迷惑な存在だ……と、あなたは思うかもしれない。だが彼らは決してあなたの邪魔をしようとしているわけではない。心配なのだ。「お前はそう言うけれど、そんなに簡単なことじゃないぞ。大丈夫なのか？」と、気遣ってくれているのである。

そうした意味でいうと、最も強力なドリームキラーは配偶者だろう。

本書の読者の方々の中にも、思い当たる方がおられるかもしれない。亭主が何か新たにことを起こそうとするとき、得てして最大の反対勢力は奥様であったりする。

「あなた、そんなことして大丈夫なの？」

大丈夫なの？　と言われているうちはまだいいが、あからさまに「そんなの無理だよ、やめときなよ」と強力ブレーキをかけられることも少なくないはずだ。まったく、俺がいよいよ打って出ようというときに……と、本人は思うけれども、奥様にとっても問題は切実だ。

夫婦は一蓮托生、運命共同体である。すべての夫婦がそうだというわけではないが、大方の夫婦はそうだ。仕事であれプライベートであれ、夫が勝負に出るとなれば妻が心配するのは当然のこと。勝負に出て、勝てばいい。だが負けてしまったらどうなるか？それを思えば「ちょっと待ってよ」という言葉もうなずける。先々のことを考えれば、負けるリスクを取るよりも、今の安定が続いたほうがいい。子どもがいればなおさらだろう。

そうした心配は判るけれども、先々のことを考えるからこそ、身動きのとれるうちに勝負に出たい。にっちもさっちもいかなくなってからでは、何もできないではないか。今しかないのだ。

……だが、そうした理屈を正面からぶつけたら、ケンカになるばかりだ。ことに夫婦というのは他人と違って遠慮がないから、ぶつかるとなればとことんぶつかる。どちらが良い悪いの話ではないから、まとまりようがない。

だからこういうときは、とにかく「ぶつからない」ことを考えることだ。

これはひとつの方策だが、夜遅く帰るという手がある。顔を合わせれば「その話」に終始してしまうのだから、話をしないで済む状況にもっていく。どうしてもその話にならざるを得ない状況であれば、とにかく相手を否定することを避ける。できるだけ安心感を与える。失敗したら……という相手の話はしっかり聞き、決してそれを否定しない。そのうえで、うまくいけば……という話もして、その根拠をきちんと説明する。不安を軽くし、安心してもらうことが肝要だ。

お互いが十分に話し合い、理解を得られればそれがいちばんいいのだが、なかなかそうはいかないのが世の常だ。だが家庭内がぎくしゃくしてしまっては、それもまたマイナスだ。たとえ奥様が大反対していようとも、それはあなた自身と家族を思ってのこと。それを忘れず、ていねいな対応をすればいいと思う。

第三章

実録！完全自費診療への道

自費診療への移行をお考えの皆さんに

第一章では保険診療に偏重することの危険性とその将来性についてお話しした。続く第二章では、どのように自費診療に移行していけば良いか、その具体策をあれこれ列挙しつつ、ご説明してきた。そこで第三章では、これまでにお話ししてきたことを踏まえたうえで、自費移行の実例をドキュメンタリーとしてお贈りしたい。

すでにお判りかと思うが、ここでお話しすることは私自身が体験したことだ。それほど遠い過去のことではない。本書執筆の時点では、つい数年前のできごとである。裏を返せば私自身、ほんの数年前までは皆さんと同じように、苦しい院経営をどうにもできず、もがいてばかりいたのである。

その状態からなんとか活路を見出し、苦境を脱することができたのは、それなりの理由があったと思っている。

ひとつは、信頼できるメンターに出会ったこと。

この方の助言があればこそ、私はあの苦境から這い出ることができた。私は今でこそ「治療院経営コンサル」として多くの先生方のコンサルティングを行っているが、私にこの道を勧めてくださったのも、そのメンターの助言があったからである。私が今も「師匠」と呼ぶこの方には、いくら感謝してもたりないほどだ。そしてまた、この師匠に出会えた幸運にも大いに感謝している。

二つめは、周囲の人々の協力である。

何をするにも、人ひとりの力など、たかが知れている。周囲の協力がなくては、何ごともなすことはできない。そこでは当然ながら衝突も起こるし、軋轢が生まれることもあるが、それを乗り越えることができたのは、やはり私の周りにいる人々の理解と協力の賜物だと思う。

もうひとつは、私自身の決断と行動だ。

……そう言うとカッコ良く聞こえるが、実際はそんな勇ましいものではない。現実に責め立てられ、追い込まれたあげく、もうどうしようもなくなって「エイヤッ」とばかりに動いた、動かざるを得なかったというのが本当のところだ。だがそこで半ばやけくそながらも動いた結果が、現在へとつながっていることを思うと、行動することの大切さを痛感する。動かなければ何も始まらないのだから。

これからお話しするストーリーは、ほぼ実際に起こったことそのままだ。問題になりそうなところは伏せるなり避けるなりするが、基本的には私の身に起こったことをそのまま、なぞるようにお話しするつもりだ。

ぜひ、あなた自身の行動の参考にしていただきたいと思う。

晴れて自分の院を持ったものの…

念願だった自分の治療院「わかば整骨院」をオープンして、一年と少し過ぎた頃。当時は治療師は私一人で、あとは受付スタッフが一人。今でこそ七名のスタッフが在籍しているが、当時は実に閑散とした状態だった。

午前中にパラパラと数人の患者さんが来院するが、それが昼になるとひと段落。午後の来院はポツリポツリと本当に数える程度で、一人しかいない治療師である私がヒマを持てあますような状態だった。

当時、一日当たりの患者さんはだいたい一〇人ほどで、皆さん保険診療。一人当たりの治療時間が一五分程度だったから、実際にかなりヒマな状態だった

ヒマならヒマで、集客プランを練るとかチラシの原稿を作るとか、やるべきことは山

ほどあるはずだ。ところがそれは今だから言えることで、当時の私にそのような発想はまったくなかった。患者さん来ないなぁ……とボンヤリしながらネットサーフィンをしたり昼寝をしたり。そんな調子で一日が過ぎていく。

このような状況だったから、売上は惨憺たるものだった。毎日の会計は数千円、たまに一万円を超える程度。これでやっていけるわけがない。月の売上は六〇万円ほどで、ここから諸経費を支払ったら、手元に残るのは毎月五万から一〇万くらいにしかならない。これで家に帰れば妻と子どもが二人いるのだから、今から思えば呆れて物も言えない。

それでも当時の私は、何ひとつ動こうとしなかった。

「まだ始めて一年、これから流行ってくるはずだ」

「商売は石の上にも三年、それからだ」

「院を開けておけば、患者さんなんかいくらでも来るさ」

確かに、整骨院が繁盛した時代もあった。

高い月謝を払って学校に通い、治療院に弟子入りして見習いをしながら、知識と腕を身につける。卒業して試験に通れば、晴れて柔道修復師の資格取得者だ。お世話になった治療院でしばらく御礼奉公をしながら資金を貯め、晴れて自分の治療院を持てればその後は安泰。何もしなくても患者さんは次から次へとやって来るし、高級車つきの一戸建て新築は約束されたも同然だった。

だが、私が自院を開院した頃には、すでにそれは昔話。過ぎ去った栄光の日々、ファンタジーに過ぎなかった。自院のウェブサイトを作って、思いついたようにポスティングをして……。その程度では患者さんは増えるはずもなく、私は着実に「終わり」に向かってずり落ちていったのである。

ついに貯えも底をつく

さらに半年ほど過ぎた頃。忘れもしない、あれは二〇一一年の正月のことだった。唐突に、妻に言われたのだ

「このままだと、もうすぐ貯金もなくなるよ」

家の台所事情は基本的に妻に任せきりだったから、私はまったく気にも留めていなかった。だが私が院でゴロゴロとしている間に、わが家の経済状態はどんどん悪化して

いったのだった。

それはそうだろう。毎月五万、一〇万の収入で、四人家族がどれだけ生活していけるというのか。生活費が足りなければ貯金を切り崩すしかないし、その貯金にしたって、大金があるわけではない。使えば減っていくし、遠からずなくなってしまうのは当然だ。

妻の口調は私を責めるふうでもなく、また煽るわけでもなく、淡々としたものだったが、それだけに私のショックは大きかった。背筋がゾクッとする、というのはまさにこのことだ。

自分の院を持ってから、そろそろ二年になろうかという頃だった。当時の私は「三年もすれば常連さんも増え、間違いなく繁盛する」と思っていた。だがそれは勝手な思い込みに過ぎなかった。思い返してみれば、開院以来、まともな売上を上げた月が何回あっただろう？　ほとんどなかったと言っていい。

だいたい、院の経営というものを、私は甘く見過ぎていた。どのような経営方針でいくのか、集客はどうするのか、赤字をどこまで許容するのか……。もちろん自分なりに考えていたのだが、その考えが甘すぎたということを、ここに至ってようやく身にしみたのだった。

ケンカ別ればかりを繰り返してきたあの頃

学校を出て資格を取り、本格的にこの世界に入ってからの私は、社会人としてはきわめて半端者だったと思う。まぁ若気の至りと言えなくもないが、それにしてもひどすぎた。何しろ、一ヶ所に腰を据えて……ということができなかったのだ。

自分の治療院を持つまでに、私が勤めた治療院は六軒。そのうち円満退社できたのは一軒だけだ。もちろん、行く先々で不祥事を起こしたわけではない。こらえ性がなかったといえばその通りだが、決して飽きっぽいわけでもなかった。

どこの治療院に勤めても、最初のうちはいいのだ。だが数ヶ月もすると、その院のやり方や院長の方針というのが見えてくる。すると、どうしても意見したくなってしまうのだ。

「それは患者さんのためにならない」

「このやり方は間違っている」

ろくに世間も知らず、経営も知らない若造が、院長や先輩方を相手に言うことだけは一人前なのだから、みな面白かろうはずがない。当然、私は院内で浮いた存在になり、やがて居心地が悪くなって、最後はケンカ別れである。その調子で次から次へと治療院を渡り歩いていった。そうして「自分の理想を実現するには、自分の治療院を持つしかない」と考え、千葉県・八千代台に「わかば整骨院」を開院したのである。

前にもお話ししたが、当時の私の考えは決して間違ってはいなかったと思う。治療院は患者さんの痛みや辛さを癒す場所だし、まず患者さん第一であるべきだ。患者さんが二の次三の次になるような院運営は、正しい姿ではない。

だが私が開設したのは整骨院であって、慈善施設ではない。いつ来るか判らない患者さんを迎え入れるためには、常時そこにスタッフが待機している必要がある。それこそ一日中、一人の患者さんも来なくても、である。当然ながら家賃やスタッフの人件費、光熱費やら何やらがかかる。それらの経費をどうするのか。患者さんが来なければ、院を維持することもままならない。

つまり広告告知をして、患者さんを呼び込み、治療をして適正な対価を受け取る。そんな当たり前の経営を成り立たせて初めて、当時の私が掲げていた理想の治療ができるのだ。院の経営すらおぼつかないのに、理想も何もあったものではない。

「このままだと、もうすぐ貯金もなくなるよ」

妻のそのクールなひと言に、私の中でスイッチが入ったような気がした。

各種のセミナーに通い始める

このままでは院を閉めるしかなくなってしまう。おそらく、あと一年保つかどうかというところだろう。今のうちに撤退して、どこかの治療院に勤めたほうがいいのだろうか？ だがこれまでのことを考えると、それも難しそうだ。今さら同じ立場に身を置いても、やはり以前と同じことの繰り返しになるのは目に見えている。

それに、妻と可愛い二人の子どもがいる。三歳と〇歳。可愛い盛りだ。父親が尻尾を巻いて逃げ出すわけにもいかない。なんとか、立て直しを図らなくてはならない。

今さら何をすればいいのやら判らないが、とにかく動いてみよう。

まず私が出向いた先は、治療院向けのセミナーだった。

すでに皆さんもご存じかもしれないが、治療家向けのセミナーというのは意外と多い。大きく分けると技術系のものと経営系のもの。技術系は「もっと腕を上げたい」と考える人たちのもので、さまざまな手技を伝授してくれる。中には非常に珍しいテクニックを教えてくれたり、ゴッドハンドクラスの講師から教えを受けることができたりというものもある。もちろん、そうした贅沢なセミナーはそれなりに参加費も高額で、当時の私には気軽に参加できるものではなかった。

経営系のセミナーは、それこそ私と同類の院長先生が群がるように集まってきていた。立地はいいのに、患者さんが集まらない。患者さんがたくさん来てくれるのに、なぜか流行らない。患者さんがたくさん来てくれるのだが、なぜかちっとも利益が上がらない……。それぞれに経営上の問題を抱えた院長たちが、問題解決の糸口を必死に探ろうとしていた。

実はこのとき、私は技術系のセミナーにも顔を出していた。だが私にとって直近の課題は院の経営をどうするか、ということだ。腕を上げたからといってすぐさま患者さんが増えるわけでもなし、意味がないと悟ってからは技術系セミナーには出かけていない。

そしてまったく正反対に、経営系のセミナーで私は実に多くのことを知ることができたのである。

初めて知った、治療院経営の基礎の基礎

経営系のセミナーは、正直いって当時の私にはまさに目からウロコ、痒いところに手が届くような思いだった。患者さんをどうやって集め、集まった患者さんにどのような価値を提供するのか。単に治療を施すだけに止まらない「価値の提供」という視点を持てただけでも、私にとっては大きな変革だった。

そして提供した価値に対して、それに見合った適正な対価を算定し、患者さんからいただく。まさにマーケティングの基本的な考え方を身につけ、さらに院の運営をどのようにこなしていくのかということを、ずいぶん勉強させていただいた。

おそらく、一般的な企業……それも営業のような部署であれば、新人として配属されてすぐに、こうしたことを叩き込まれるのだろう。だが私も含めて治療家と呼ばれる人々は、その多くが一般企業での就業経験がほとんどない。専門学校で知識と技術を身につけると、すぐにどこかの治療院で修業をし、お金を貯めて自分の院を持つ。その間、見聞できるのは接骨院・整骨院業界というとても狭い世界だけだ。

しかも雇われスタッフでいる間は経営などにタッチすることはないから、実学が伴わ

ない。院長のやり方を遠くから見て「これじゃあ患者さんのためにならないな」などと、生意気を言うのが関の山である。

言うだけだったら、いくらでも言える。だが患者さんのためを思い、なおかつ院を健全に運営していこうと思ったら、どれほどの労苦が必要になるか。そんなことも判らなかった自分を恥じたのも、この頃のことだ。

整骨院はサービス業なのだ。「患者さん」というお客様に「治療」というサービスを提供して、対価をいただいている。常に変わらぬサービスを、いつでも提供できるようにするためには、それなりのコストが必要になる。そしてそのコストは、料金に反映されていなくてはいけない。さらに、そこには自分自身の利益も含まれていなくてはいけないのだ。そうでないと、そのサービス体制を維持し続けていくことができないからだ。

その「利益を上げ、組織を運営する」という意識が、当時の私にはすっぽりと欠落していたのだ。これでは、満足に経営できるほうが不思議というものだろう。

こうして私は、経営者としての視点を磨くため、各種のセミナーに足繁く通って、それまでろくろく考えもしてこなかった経営やマーケティングの基礎について勉強するようになった。

腹をくくって最後のセミナーに参加

私は経営系を中心にいくつものセミナーに参加した。ほとんどが有料のセミナーではあるが、それだけに勉強になることは多い。中には最初の数回だけは無料で、そこから先は有料コース……というシステムをとっているところもある。

そこで覚えたことは、自分なりに噛み砕いて片っ端から実践した。またセミナー以外にもさまざまな教材や書籍を買い込み、情報を仕入れていたから、それも可能な限り採り入れていった。

だが、なかなか集客に結びつかない。そして時間ばかりが過ぎていき、焦りと不安は増すばかりである。貯金はますます目減りしていく……。

ここに至って私は、ようやく腹をくくった。

すでに私は経営者として失格なのだ。自分で良かれと思った通りに仕切ってきた「わかば整骨院」は、何をしようとも収益が上向いていかない。経営やマーケティングの話は確かに興味深いものだし、大いに勉強になるのは確かだが、私の聞きかじりの知識だけで、この状況をひっくり返すことはできないのだ。

悔しいし、情けない。若い頃には行く先々で大口を叩き、ケンカ別れ同然に勤務先を飛び出してきた私。自分なら、理想の整骨院を作れると信じていた私。

その私が、このザマである。本当に悔しい。

悔しいが、まだ今少しの余力はある。ずいぶん目減りしてしまったが、まだ少しの貯金も残っている。もう、全部使い切ってしまおう。使い切ってしまったら無一文だが、なぁに、命まで取られるわけではない。やれるところまで、やってやろう。

ただ、「自分なりのやり方」は捨ててしまおう。私は整骨院経営に失敗したのだから、同じことを繰り返すばかりだ。それよりも、成功している経営者に学ぼう。成功者のやり方というものを、そのまま実践しよう。

私が腹をくくったちょうどその頃、接骨院・整骨院の経営コンサルの方と知り合った。その方はもともと治療家で、ご自身の治療院を軌道に乗せ、大いに繁盛させた手腕の持ち主だった。そして世間の治療家の多くが自院経営に苦しんでいる現状を見て、その経験を活かした知恵やテクニックを伝授する活動を展開していた。

私は、今も私が「師匠」と呼ぶその方のセミナーに、参加することにしたのである。これで失敗したら後がない、と覚悟を決めつつ。

思わぬところでドリームキラーが登場！

これは程度の差はあるだろうが、治療家というものは技術志向が強い。「もっとうまくなりたい」「あの技術を身につけたい」。そのため技術系のセミナーは、そうした願望を持つ人々でなかなかの盛況を見せている。

そこまではいい。だが腕だけで患者さんを呼べると思ったら大きな間違いだ。たとえ技術を高めたところで、特殊なテクニックを身につけたところで、それを上手に告知して集客につないでいかなければ、そもそも患者さんが来てくれない。

前にも話したことだが、一般の人々は私たちが考えるほど、治療家の技術に敏感ではない。少々腕を上げたからといって、黙っていても集まって来てくれる、というものではないのだ。

だから私はこの数ヶ月、技術以外にもさまざまなことを勉強し続けてきた。

経営の考え方。マネジメント。スタッフや患者さんとのコミュニケーション。

その中で、最後にたどりついたのがマーケティングの考え方だった。

ある人々にとって価値ある商品やサービスをつくり、それを市場に投入し、広告・告知をして、適正な対価で提供する。考えてみれば商売の基本だ。

だが、技術志向が強い治療家にとって、このような発想はなかなか馴染まない。実は、私の妻がその筆頭だったのだ。

妻はもともと治療家だ。子どもが産まれてからは治療に携わることはほとんどなくなったが、やはり技術志向の発想をする。だから「患者さんを集める」というところから理解できない。

「……よく判らないよ。だって一所懸命に治療するから、患者さんは来てくれるんだよ?」

彼女にとって、患者とは集めるものではなく「集まる」ものなのだ。

私も以前はそう思っていた。だがこれまで手を尽くしてきて、何も変えることができなかった。それなら、まったく違う発想で、まったく違うやり方を試してみないと意味がない。そこが、妻にはなかなか理解してもらえなかった。

はじめのうちは言い合いになることもあったのだが、その後私は「ドリームキラー」の概念を知り、妻とは良い意味で距離をとることができるようになった。もちろん没交渉というわけではない。帰宅時間を遅くしたり、妻の考えを否定せずに話し合ったりして、少しでも安心してもらえるように努めたのだ。そのせいか、妻の主張も少しずつ軟化し、正面切ってノーを言うようなことはなくなっていった。もっとも、ずいぶん長いことブツブツ言っていたようではあるが。

目標、月間売上二五〇万円！

さて、私が参加したセミナーは六ヶ月コース。七〜八人ほどの少人数ながら、そのぶん中身の濃いセミナーのようだ。

講師であるコンサルの方……私の師匠は、当時すでに治療師としての仕事はせず、コンサル活動だけを行っていた。「九〇日で売上を三倍にする」というのがキャッチフレーズ。業界のことは熟知しているし、治療家の心理というものもよく判っているだけに、それだけの実績を持つ方だった。

「私のセミナーは甘くはないぞ」

そんなことも言われたが、むしろ好都合だ。私はすでに自分を捨て、この師匠のアドバイスに忠実になろうと決心していたから、気持ちがはやるばかりだった。

させてセミナーの冒頭、私たち塾生はひとりずつ、六ヶ月後の目標を皆の前で発表させられることになった。このセミナーを修了するとき、どうなっていたいか。それを今から公開しておくのである。

どんなことでもそうだが、目標というのは公開してこそ意味がある。自分の胸にしまっておいたのでは、もしも達成できなくても誰からも責められないし、恥をかくこともない。これでは目標があろうがなかろうが、同じこと。

だから紙に書いて貼り出したり、言葉にして人に話すなりして、公開してしまう。家族や友人でもいいし、同僚でも仲間でもいい。人前で宣言してしまうのである。そうすれば「言ってしまった手前、『できなかった』ってわけにはいかないしなぁ」という心理も働く。実現の可能性が一気に上がるのである。

そしてもう一つ、必ず達成までの期限を切ること。半年後なのか来年末までなのか、あるいは今月いっぱいなのか今日から三ヶ月間なのか。リアルな締切を設定するのだ。そうでないと人は懸命にならないし、アイデアも出ない。努力を怠る。人は思った以上に怠け者なのだ。だから期限とセットで目標を設定する。

この時の私は少し考えた末に「六ヶ月後に月間売上二五〇〇万円」という目標を掲げた。

もちろんこの数字には、それなりの意味はあったのである。

「できなかったら、マスオさんになります！」

私たち塾生が「六ヶ月後の目標」を考えている間、師匠は思い出したようにいくつか言葉を投げた。

「簡単な目標は、目標とは言わないからな」

「できっこないと思うくらい、目標は高く設定しろ」

「達成できなかったら罰ゲームをやってもらうか」

「死ぬほどイヤなことをやってもらうからな、それも考えておけ」

すでに経営破綻の状態にあった私にしてみれば、自院をまともに経営することすら、かなり高いハードルに感じていた。だがこの場でそんな目標は設定できない。ではどうするか。

「売上倍増」でどうだ。……いやいや、月間六〇万を一二〇万にするくらいでは、師匠に相手にもされまい。そもそも師匠は「三ヶ月で売上三倍」がキャッチフレーズなのだから、それ以上でないと納得してくれまい。では四倍でどうだろう？

あれこれ考えて引き出したのが今の四倍以上の売上、つまり「六ヶ月後に月間売上二五〇万円」だったのだ。

「なるほど。で、達成できなかったら何をするんだ？」

「その時は、嫁の実家に入ってマスオさんになります」

実際、私にとってこのセミナーは最後のチャンスだ。これで失敗したら、もう後はない。貯金だって底をつく。これから六ヶ月、死に物狂いで頑張って、それでダメだったとなれば、恥も外聞もプライドもすべてかなぐり捨てて、本当に妻の実家のお世話になるしかないかもしれない。それは私にとって「死ぬほどイヤなこと」でもあったのだ。

しかし……現在までの月間売上が六〇万。それを半年で二五〇万まで持っていく。本当にできるのだろうか？　いや、もう宣言してしまったのだ。できるできないではない、やらねばならない。

まったくのノープランのまま、なかばヤケクソ気味の私は、最後のスタートを切ったのである。

最初に手がけた「紹介」で人が増えていった

私の師匠は私の院の状況を細かく聞き、それに対して「いま、何をすべきか」という明確なアドバイスをくれる。私がこの師匠のもとで動き出したのは二〇一一年の五月頃だったが、最初に手を付けたのは集客だった。もちろんコストはかけられない。そこで既存の患者さんから紹介をもらうことにした。これも師匠からのアドバイスがあったからである。

人からの紹介、口コミというものは、決してあなどれない。広がるまでには時間がかかるが、非常に大きな効果を発揮することがある。

たとえば、体の不調に悩んでいる人がいるとする。病院に行っても良くならない。整骨院にも行ってみようかと思い、ネットで検索したみたところ、近所に何軒かあるようだ。だが、どこが良いのか判らない。

そんなとき、実際にその整骨院に通っている人から「あの先生、いいわよ。上手だし。行ってみたら？」などと言われれば「じゃあ行ってみようか」という気になるものだ。自分が信頼する人の紹介であればなおのこと、何より安心感がある。

私は治療の最中に患者さんといろいろな話をする中で、さりげなく「まわりに具合の悪い人はいませんか?」などと水を向けるようにした。すると「そうそう、僕の同僚がひどい腰痛に悩んでいて……」という話になっていく。体の不調に悩んでいる人は、意外にも多数いるのである。そして多くの人は「治療は受けたいが、行く機会がない」「どこが良いのか判らない」などと、治療を先延ばしにしていたりする。

そこに「だったら、○○○整骨院に行ってみたら」と声をかけると、スムーズに来院につながってくれるのである。

この「紹介狙い」は思いのほか功を奏した。声がけした患者さんの実に三~四割が、新たな患者さんを紹介してくれた。結構な数字である。「○○さんに聞いて来ました」という新患さんや予約の電話が、ひんぱんに入るようになった。

「これはいい、紹介は使えるぞ」

自信をつけた私は「紹介カード」を作って、紹介した人・された人の双方に特典をつけたり、期間限定で紹介キャンペーンを打ったりした。あの手この手でメリットを出し、人が人を呼ぶ仕組みを作って集客につなげていったのである。

この「人からの紹介」という手法がなぜあんなに効果を上げたのか。それは今もよく判らない。もしかしたら、紹介という広告手法を、私が過小評価しすぎているのかもしれない。ともあれ、紹介によって新患は日に日に増え、私の院はかなりの賑わいを見せるようになっていった。

オリジナルメニューで値上げに踏み切る

紹介活動に力を入れ始めて数ヶ月。患者数は増えていったが、まだほとんどが保険診療で、自費の患者さんは少数派だった。そこで私は最初の値上げに踏み切った。タイミング良く師匠の助言があったからだが、私自身、焦りもあった。

塾生全員の前で発表した目標は、六ヶ月で売上二五〇万円。その期限が、そろそろ迫ってきている。急がなくてはならない。紹介で患者さんは増えたけれども、その多くは保険診療だ。目標にはまだまだ遠いし、このペースで患者さんが増えていっても、おそらく期限までに目標をクリアすることは難しいだろう。患者数の伸びに伴って増えていく収益を、より急勾配で立ち上げていかねばならない。となると、とるべき手段はひとつだ。

「もう、値上げしかない！」

そんな思いでの値上げだった。だが、何の理由もなく値上げはできない。それなりの価値を提供しなくては患者さんは納得してくれないし、そうでなければ潮が引くように患者さんは離れていってしまう。さて、どうしよう？

あれこれ考えて私がひねり出したのは、保険診療と自費診療をセットにしたオリジナルメニューだった。

まず、ほとんどの患者さんが受けていた保険の範囲内での治療を行う。そこにプラス二〇〇〇円で自費の治療を組み合わせ、「わかば式治療法」というコースを新設した。これを治療メニューの基礎として、「保険のみ」の治療は行わない、という形をとった。

このメニュー、保険部分は今まで通りで、自費部分は「インナーマッスルマッサージ、鍼灸、骨格矯正の三種類を組み合わせて治療する」というもの。三種類のうちどの治療を組み合わせるかは、患者さんの希望や状態に合わせて決める。治療時間も長めに設定して、完全予約制とした。

三種類の治療の中から、自分に合った治療を、しかもじっくりと受けられる。このメリットは大きい。完全予約制だから待たされる心配もないし、時間いっぱい治療してもらえる。これが患者さんにとっての価値になるはずだ……と、私は考えたのだ。

患者さんに通っていただくアイデア

この「わかば式治療法」は、予想通りというより思った以上に好意的に受け入れられた。もちろん離れていった患者さんはそれなりにいたが、それは仕方のないことだ。将来的に完全自費診療へと移行していく過程では、患者さんの入れ替えが起こることは避けられない。また、入れ替えが起こらなければ移行はできないのだ。

だが「実質二〇〇〇円の値上げ」は正直いって大きい。いろいろな価値を付けてみても、出ていく金額が段違いなのでは、やはり患者さんの抵抗感はぬぐえないだろう。頭で理解できたとしても「……でも、やっぱり高いよ」と感じてしまうのは避けられない。

この自費診療部分のコストアップをどうやって売っていくか。そこで私もあれこれと知恵を絞った。

最初に手を付けたのは回数券だった。自費診療分、一回二〇〇〇円の回数券を作り、これを割引価格で販売したのだ。つまり複数回の治療費をまとめ買いすると、一回当たりの料金が割安になる仕組みだ。長く通いたい患者さんにとっては嬉しいサービスだったようで、売れ行きは良かった。

次に、会員制を導入した。これは少々仕組みが複雑になるのだが、要するに「定額で治療受け放題」というサービスだ。

まず、患者さんに会員になっていただく。期間は一年で、年会費は三万円。当初は六万円で考えていたのだが、この金額は払いにくいと考え、半額の三万円にした。会員になると有効期間中、自費分の治療費二〇〇〇円が無料になる。何度受けても料金は発生しない。一年間で一五回の治療を受ければ、それで元が取れてしまう。これも好評だった。

こうして料金体系の見直しによる値上げ、それに伴う「まとめ売りキャンペーン」によって、私の整骨院は収益増と患者さんの入れ替えを実現した。そして当初の目標だった「月間売上二五〇万円」を、期限ぎりぎりで達成することができたのである。

値上げによって何が起きたのか

前項の最後に「患者さんの入れ替えを実現した」とサラリと話したが、この部分についてもう少し深くお話ししよう。

すでに何度もお話ししたことだが、自費診療への移行には患者さんの入れ替えが不可欠であり、それは値上げによって実現するものでもある。実際に私の院で何が起こったのか、その流れをあらためてたどってみよう。

まず従来は、ほとんどの患者さんが保険診療だった。支払う金額だけを見ると、一回数百円というレベル。この程度なら患者さんの負荷は小さいから、それこそ毎日でも来院できる。つまり「安いから来る」という患者さんが一定数、それもかなりの人数いる、という状況だった。

そこで値上げをする。値上げといっても保険診療分の料金を変えることはできないから、二〇〇〇円の自費診療とのセットにし、保険診療のみの治療を打ち切る。その結果、患者さんにとっては二〇〇〇円アップという、大幅な値上げとなった。

もちろん治療内容はそれ以上に充実しているが、支払う額が二〇〇〇円増しというのは大きい。そのため、それまで保険診療の安さだけに惹かれて来院していた患者さんは脱落していった。

ここで、一時的に患者数がガクッと減ることになる。だが「きちんとした治療を受けられるなら、少々高くても構わない」という真剣度の高い患者さん……院にとっては優良な患者さんは、そのまま来院を続けてくれた。つまり患者さんの入れ替えが起こったことになる。

しかし、一回二〇〇〇円の負担はさすがに大きく、そう頻繁に通うこともできない。このままでは、居残ってくれた優良な患者さんが少しずつ離れていくことにもなりかねない。つなぎ止める方策が必要だ
そこで投入したのが回数券、さらに会員制度だった。これなら料金を気にせず通うことができる。一度会員になってしまえば、週に一度通うにしても、半年で元が取れてしまう。長く通うにはとても得だ。つまり支払う金額は高いけれども、それ以上の価値を提供することで、患者さんに「得だ」と判断してもらえるようにしたのだ。

こうして、初めての値上げを無事完了し、患者さんの入れ替えにも成功したのである。

予約がとれないほどの盛況ぶり

先にお話しした方法……回数券と会員制度の導入は、どちらも定期的に長く通う患者さんに有利なプランだ。院としても、そうした患者さんは大事にしたい。定期的に通ってくれる、まさに「堅い顧客層」だし、新患を紹介してくれる機会も増えるからだ。実際、良い患者さんは良い患者さんを紹介してくださるもので、そのため私の院は順調に患者数を増やし、売上を伸ばしていった。

そこで私は、二度目の値上げに踏み切ることにした。その理由のひとつは、治療師の稼働率である。

その頃は集客が順調だったのだが、それだけに治療師の稼働率はほぼ一〇〇％に近い状態にまで達していた。治療師は私の他に二人、あとは受付が一人。スタッフは段階的に増やしてはいたのだが、ベッド数には限りがあるし、際限なく人手を増やすわけにもいかない。その状態で、治療師一人あたり一日最高二六人の患者さんを治療していた。これ以上は無理だというほどに詰め込んだ状態で、ここまで患者さんが詰まっている治療院はあまりないだろう。

患者さんをさらに選別し、絞らなくてはならない。そうした意味合いの強い値上げだった。

だが正直いって、この値上げは失敗した。保険の負担金部分を少し上げた程度だったために実質的な値上げ幅が小さく、患者さんの離脱が起こらなかったのである。

そして幸か不幸か、集客が順調すぎるほど順調だったために、来院する患者数が治療家のキャパシティを超えてしまった。予約表がびっしりと埋まっても、まだ予約の電話が途切れることなく入ってくる。ピーク時には月間一〇〇件ほどを、予約不可でお断りしていたと記憶している。

治療家としても経営者としても、やってくる患者さんをお断りせざるを得ないというのは、なんとも心苦しく、また歯がゆいものだ。せっかく「ここの治療を受けたい」というリクエストをいただきながら、それに応えることができないのである。損得勘定だけで物を言うなら、せっかくの利益を獲り逃がしているということになる。もったいないことこの上ない。

そこで私は、忙しい合間を縫って治療体制の整備に手を付けた。同時にスタッフ教育も進めて、一人でも多くの患者さんを受け入れられるよう、体制を整えていった。

保険のメリット以上のデメリットを痛感

前項でお話しした二度目の値上げの前後、確か二〇一三年の初頭のことだったと思う。ある保険組合から「保険不支給」という通知が届いた。……ずいぶんあっさりとした言い方をしているが、その時の私の驚きようといったらなかった。こちらは保険が使える前提で、すでに治療を行っている。その時、窓口で患者さんからいただいたのは自己負担分のみの金額にすぎない。残りの分は保険者から入金される……とあてにしていたのが「不支給です」のひと言で終わりである。

どういうことだ、と私は保険者に電話を入れ、問い合わせた。先方が言うには、患者さんに調査したところ（いわゆる患者アンケートというやつだ）、患者さんのケガの状況と治療内容が合致しないという。協定範囲外の施術であるため、不支給。これはこえた。

この頃から保険関連のマイナス点があれこれと目につくようになっていた。

申請書類が煩雑になったり、患者アンケートがひんぱんに行われたり。申請してもあれこれと理由をつけて、書類が突き返されたりする。そうなるとあらためて再請求しなくてはならないし、もちろんそれだけ入金は遅くなる。それ以前に、再請求すらできないこともある。

「レセプトの記載がずさんだ」「ホームページに問題が多々ある」何かと文句をつけられ、説教めいた訪問指導を受ける。

こうなると、保険を扱うことのメリットよりも、デメリットのほうがはるかに大きいと感じるようになっていった。

さらに強まっていく保険関連の締めつけ

「柔整師の健康保険は、やがてなくなる」

こうしたことは、すでに一〇年も前からいわれていた。だが、一向になくなる気配はなく、私たち柔整師は相も変わらず保険診療を続けている。

だが、この頃から保険関連の締めつけが、明らかに厳しくなっていった。何かと理由をつけて文句を言われ、返戻だ不支給だといじめられる。……いや、保険団体にしろ組合にしろ、しごく真っ当な主張をしているだけなのかもしれないが、私たち治療家にとっては、どう見てもいじめにしか思えない。

保険者だけでなく、レセプトの請求代行をお願いしている柔整団体からもあれこれの注文が入るようになった。これまで言われたこともないような細かいレベルの記載もれや誤りを、それこそ重箱の隅をつつくように並べ立てたあげく「今後は私たちの指示に従っていただきます」という。

これら一連のしがらみが面倒で、個人請求に戻してみたりもした。

毎月末にレセプトの準備をしておき、月が変わるとすぐにスタッフ総出で対応にあたる。負傷名やら負傷原因やらをひたすらレセコンに打ち込む。書類にサインがなければ、患者さんに連絡をとってあらためてサインをもらう。これらの事務作業があまりに煩雑で、昼間の治療にまで影響してしまうありさまだった。とても自院スタッフだけで処理しきれるものではなく、ほどなくして音を上げた。

こんなことなら、もう保険を切ったほうがいいんじゃないか……?

当時は治療そのものにしても「保険診療+α」という形で患者さんにお勧めしていたし、売上に対する保険診療の比率は半分ほどあった。だからすぐに「保険を切ろう」と考えたわけではない。

だが実際にこのまま保険診療を続けていても、デメリットが増えるばかりで良いことはないようにも見える。幸い当時は集客はできていたし、一度は失敗したものの値上げもできた。この状態なら保険を切ってもなんとかなるのではないか。それがうまくいけば、保険がらみのあれこれの面倒から解放される……。

私はいつか、そんなふうに考えるようになった。

ついに保険を切りにいく

私が完全自費診療に乗り出したのは、二〇一三年の四月のことだ。まずは、ゆくゆくは保険診療をやめる旨を患者さんに告知して、今後の新患については保険を扱わず、すべて自費診療とした。もちろん、それまでの患者さんに関しては当面の間、保険診療を並行して行う。

ここで私が気にしたのが、新患への対応だった。

先にもお話ししたが、われわれ柔道整復師には「保険が使える」という固定観念がある。だから「当院では保険診療はしません」と患者さんに宣言するのは、心理的な抵抗が強い。治療費の請求も、おどおどしながらである。これらは根拠のないメンタルブロックなのだが、この抵抗を取り去らないと新規の患者さんを納得させることは難しいし、それでは新患をリピーターに育てることもおぼつかない。

そこで私は、新患の対応をスタッフに任せることにした。彼らは果たして新患をしっかり捕まえることができるだろうか?

結果は、ボロボロであった。そのため私は自分自身が学んだように、スタッフに対してもいろいろな教育を施し、育成に力を入れた。

一方で私は集客にあたった。これは単に「人を集める」というものではなく、質の良い患者さんを選んで集める、ということになる。やり方はいろいろで、もちろん「チラシのポスティング」とか「新聞折込を入れる」とか、さらには「地元の広報誌に広告を出す」などの方法がある。だが単に広告を出すというだけではお話にならない。誰に向けてどのようなメッセージを発信するかが重要なのだが、その方法論を展開するだけで一冊の本が書けてしまうくらいなので、詳しい話は割愛させていただく。

ともあれ、私はこうして自費診療への移行を強力に推進していった。

スタッフのマインドセットが移行のカギ

前項で少し触れたスタッフの教育について、もう少しだけ補足しておこう。

前章で私は、メンタルブロックについてお話しした。これは治療家としての考え方から経営者としての考え方への切り換えを阻むもので、保険診療から自費診療への切り換えを図るなら、院長自身が解決しておかねばならない大きな問題だ。

だが院長がブロックを解消したからといって、それで万事ＯＫというわけではない。

そこで「マインドセット」という話が登場してくる。

マインドセットというものを詳しく説明すると、かなり長い話になる。ごく簡単に言ってしまえば「考え方」とか「心構え」とかいうことになるだろうか。

たとえば、ある治療院の一回あたりの治療料金が五〇〇〇円だとする。この金額を、その院のスタッフはどうとらえているだろうか？　おそらく二種類のとらえ方があるだろう。

「相場と比べたら絶対に高いよな。患者さんに申し訳ない」

これがまずひとつ。相場よりも高い料金選定のため、患者さんに負荷をかけているというとらえ方である。ではもうひとつはどうか。

「これだけ充実した治療内容でこの料金は妥当。むしろ安いくらいだ」

提供する治療内容に注目した切り口で、この場合はむしろ患者さんが得をしているというとらえ方である。

このそれぞれがマインドセットで、それによってスタッフの患者さんへの接し方は微妙に違ってくるのだ。

治療を終え、患者さんが窓口で会計を済ませる。そのとき、申し訳なさそうに「五〇〇〇円になります……」と言うのか、堂々と「五〇〇〇円になります！」と告げるのか。それによって患者さんに与える印象は大きく異なるし、またスタッフ自身の自覚も違ってくる。あらゆる点で後者のほうが良いのはもちろんだ。

こうした前向きなマインドセットをスタッフ全員に植え付けるのは、実は簡単ではない。難しいわけではないが、手間と時間がかかるのだ。だが、そこで手を抜いてはいけない。スタッフ一人ひとりの変化が、院全体を変えていくパワーにもなるからである。

スタッフたちには十分に語りかけろ

私は前章で「自費移行にはスタッフの理解が必要だ」とお話しした。だが「なぜ自費に移行するのか」をきっちりと理解してもらうためには、その理由をていねいに語り続けなくてはならない。保険診療の現状と将来性、院の経営状態、患者さんの傾向。さらに彼らスタッフ一人ひとりの将来についての話まで含めて、しっかり話して理解してもらうことが必要だ。

程度の差こそあるが、治療家というものは独立志向を持っている。具体性があるかどうかはともかく、将来的には自分の治療院を持って……という夢や願望は、若い治療家でも持っているものだ。そんな彼らにこうした話をすると、意外なほどに熱心に聞いてくれる。

もちろん、通り一遍の話だけではだめだ。また建前論やきれい事に終始していても、嘘くさく感じられてしまう。だがたとえ一回あたり三〇分程度でも、経営的な話を定期的に行っていくと、やがて彼らの考え方にも変化が見られるようになってくる。メンタルブロックが外れ、マインドセットが変わっていくのだ。やがて彼ら一人ひとりが、経営的な視点を持つようになってくる。

もちろん、私自身と同じ視界を持つというわけではない。だがこれまでの「雇われ治療師」という視点から脱皮して、院の運営というところまで含めた広い視野を持つようになる。すると、ひとつひとつの行動、ちょっとした発言にも、変化が表れる。これがとても大きな変革の力になっていく。

院長ひとりが孤軍奮闘したところで、事態は大きく動かない。ついてこられず、離脱する者も出てくる。それは離脱した本人にとっても、決して良いことではない。若い頃、何軒もの治療院を渡り歩いた私には、それは本当によく判る。

だがスタッフ全員が共通の認識を持ち、同じ方向を向いて動けば、事態は大きく動き出すのだ。

自費診療への移行はここに気をつけよ！

完全自費診療への移行を宣言してから七ヶ月後。二〇一三年の一一月に、わかば整骨院は保険診療を終了し、すべての患者さんが自費診療となった。これまでのことを思い返すと本当に山あり谷ありで、よくやってこられたなと我ながら思う。

それは私の師匠のアドバイスをはじめ、スタッフの協力と患者さんの理解が、大きく作用した結果だということは間違いないだろう。

さて、私の「自費診療移行ストーリー」を締めくくるにあたり、その過程で重要になる事柄について、もう一度確認しておこう。あなた自身が行動を起こす際の、チェックポイントにしていただきたい。

〈目標を期限とともに数値設定しろ〉

何ごとかを成そうとするなら、まずはここからだ。そして繰り返しになるが、定めた目標は何らかの形で必ず公開すること。紙に書いてスタッフルームに貼り出すなどしてもいいだろう。

私の場合、目標を公開したこと以前に、その目標にしてからが、正直いって厳しすぎた。だが、厳しすぎたためにクリアするためには必死に知恵を絞るし、その中からアイデアも出たし、実現のために行動するパワーも絞り出せた。それを思うとやはり「目標は高いほどいい」のかもしれない。

〈とにかく情報収集が大切〉

私自身、師匠のアドバイスは金科玉条と心得て、無条件で従ってきた。だがそれ以前に自分で各方面にアンテナを伸ばし、情報をとることは不可欠だ。

ことに周辺の競合他院がどのような料金体系で、どのような治療を行っているかは、ぜひ調べておきたいところ。なに、難しいことは何もない。あなた自身が他院に出かけ、治療を受けてみればいいのだ。そうすればその院の治療メニュー、腕のレベル、料金が適正かどうか、さらには客層まで判る。やらない手はないだろう。

〈心理的な障害を排除せよ〉

メンタルブロックにしろマインドセットにしろ、目で見て判るものではない。物理的に修正できるものでもないし、他人の手でどうにかできるものでもない。周囲の人間にできることは語りかけることだけだ。障害を排除するには、本人が自覚し、理解し、気づく以外に方法がない。そして一度は排除できた障害が再び表れるということだってある。

おそらく他の多くのポイント以上に、この心理的障害は大きな課題だろう。そのため当初は患者さんへのアナウンスなどについては、いくつかの台本を作ってトークにも万全を期した。そこまでやるべきだとは思わないが、やっておいて良かったとは思っている。

自費診療への移行を進めていく上では心理的な障害は実に厄介であり、常に注意が必要なものだと思う。

〈アイデアを引き出し、検討して実践しろ〉

値上げに伴う回数券や会員制のアイデアは、なかば苦肉の策だった。それまで数百円というレベルでの支払いに慣れてしまった患者さんにメリットを感じてもらうため、まとめ買いという販売方法に目を付けたのである。

期限を切って目標設定すると、なんとかクリアするために一所懸命考える。すると意外なアイデアが出てきたりするものだ。もちろんすべてが使えるとは限らないから、冷静に検討することも忘れずに。

〈成功例をそのまま流用してもいい〉

移行の過程の終盤では、具体的な方策については「うまくいったものだけを実行する」という方法をとった。このやり方は多くの院で使えると思う。別に自分で試したものでなくてもいい。他院で成功しているシステムをそのままいただいてしまってもいいのだ。

私が最初の値上げに踏み切った時も、実はその料金体系は繁盛している整骨院の料金システムを、そのまま拝借したものだった。

〈すべてが成功するわけではない〉

これはわきまえておくべき項目。私の場合でいえば、二度目の値上げははっきりと失敗だった。もっと値上げ幅を大きくとるべきだったと思う。

メンタルブロックがあったわけではないと思うし、決して腰が引けていたわけではないのだが……。もしかしたら、そのタイミングでの値上げの必然性をあまり強く感じていなかったのかもしれない。そのため検討が十分でないまま実行に移してしまった。中途半端な心理状態で手を打っても、失敗しやすいという例である。

ただ、失敗したからといって落ち込む必要はまったくない。むしろ「こうすると失敗するんだな。よし、ひとつ勉強できた」くらいの気持ちで、次の一手にかかればいい。

もちろん、ここに挙げたものがすべてではない。大小さまざまなコツ、ポイント、テクニックというものが数多くあり、そのすべてをここで公開できないというだけの話だ。それらのすべてではないにしろ、いくつかを知っておくだけで、そして実践するだけで、自費診療への移行は格段にスムーズになる。そのことは私が主宰するセミナーに参加した多くの院長先生の方々によって、すでに証明されている。

そのエッセンスを、ぜひあなたにもくみ取っていただきたいと思う。

治療院のコンサル業務を始める

これまでにお話しした経験を活かし、私はいま治療院のオーナーを対象にしたコンサル業務を行っている。その内容について、本章の最後に少しお話ししておきたい。

現在のところ、私のクライアント数はおよそ二〇〇軒。院の運営についてのさまざまな相談を受け付けているが、活動の主軸となっているのはセミナー活動だ。その中でも中心的な役割を果たしているのが「整骨院自費診療移行塾」である。

月に一度、全六回の半年間コースだが、このセミナーに参加していただく前に、まずは三ヶ月間の「お試しグループコンサル」から始めていただく。このコースでは入会金・参加料・月謝等の出費はなく、まったくの無料だ。

このグループコンサルに入会すると、北は仙台、西は福岡まで、全国一六ヶ所の支部でセミナーを受けられる。その内容を少しだけ紹介しよう。

まず、自費診療への移行フローを理解してもらう。次に、それぞれの治療院の収支などを数値として公開する。これは現状把握で、自分の院がどのような状態にあるかをあらためて認識するためのものだ。

そして集客。自費診療の患者さんをどのように集めるか、そしてどのようにリピーターに育てていくかを学んでいただく。これは売上を上げていくために欠かせない作業だ。

あとはメンタルブロックを解消し、経営者マインドを育てていくための方法を解説する。

このように、お試しコースでは現状把握と集客、そしてメンタル面での改変という三項目が主なテーマとなっている。

このコースは二週間に一度のグループコンサルで、全六回のプログラム。このお試しコースを終了すると、その後の本コースに参加できるようにしてある。

メインコースでより深いコンサルティングを

完全無料のお試しコースは、経営者としての基礎的な知識と意識を身につけるプロセスだ。そのため全体的な概念や大局的な話に終始している。だからこれだけでは、具体的に何をどうすれば良いのか、なかなか判らないだろう。

そこから先の話となると、立地や競合の状況、院の収益の状況や治療体制など、実に多くの要素が絡んでくる。それにタイミングによってとるべき方策も違う。なかなか一般論として展開しにくいのだ。

だからひと通りの「地ならし」が済んだところで、本コースでより詳細なコンサルティングを行うようにしている。

基本的には六ヶ月の間に一連の課程を終えられるようにカリキュラムを組んであるのだが、受講者の方々にはたいへん好評のようで、六ヶ月が過ぎても契約を延長する方がほとんどだ。つまり「もう一クール、勉強したい」というわけだ。

まさか二度目も同じ話をするわけにもいかないから、その時々の相手の状況に合わせたアドバイスをするようにしている。また半年前に学んだことを、すでに忘れてしまっていることも多い。それを思うと、継続的に勉強を続け、要所要所でアドバイスを受けるという関わり方は理にかなっているのかもしれない。

私がコンサルティングを始めた理由

現在、私は仕事中のほとんどの時間を、コンサルティング活動に使っている。治療家としての仕事は月に一～二回、古くからの患者さんの治療に当たるときだけだ。

そうしてコンサルとして活動していると、なぜその道を選んだのかを問われることがしばしばある。

もちろん、そこには私なりの理由があるのだ。

二〇一四年から自分の塾を開講し、そこで私は多くの治療家の方々と話をしてきた。その中で痛感することは、非常に多くの方々が「経営センスに乏しい」ということだ。これはなにも柔道整復師に限ったことではないだろう。鍼灸師やマッサージ師、およそ「治療家」と呼ばれる人々には、経営という視点から考えるということが、決定的に不足していると思う。不足しているというよりも、そうした視点に気づいていないのだろう。

私自身がそうだった。何をすれば良いのかもわからず、手当たり次第に情報を集め、セミナーに顔を出し、できることには片っ端から手を出してきた。当時の私はそれほどに追い詰められ、焦っていたのである。

そんな中で「師匠」と呼べる、信頼できるメンターに出会った。

私が師匠から学び、それによって身につけた経営という視点は、私に大きな変化をもたらしてくれた。

期限と数値を明確にした目標を設定すること。メンタルブロックを意識的に外していくこと。感覚だけに頼らず、数値という客観的な物差しを使うこと。数え上げればきりがない。この変化があったからこそ、私はなんとか生き延びることができたと思っている。

さらに師匠は、院経営の改善を果たした私に「コンサルをやったらどうだ」と勧めてくれた。治療家として治療に専念するのも良いが、コンサル業務によって新たな事業を起こし、拡大していくべきだ……。そんなアドバイスをくれたのだ。

だが私がコンサルをやろうと決心したのは、それだけが理由ではない。

柔整師とその業界の復権を願って

私たち柔整師を取り巻く環境は、どんどん劣化している。行政からは邪魔者扱いされ、保険者からは嫌われている。二年に一度の法改正のたびに締めつけは厳しくなるばかり。「不支給」などという事態でさえ、これからはますます増えていくだろう。柔道整復師という職業は、すでに不要とされているのではないかと思われるほどだ。

だが、治療家というのは必ず世の中の役に立つ職業だ。必要なものでもある。医療といえば医師と病院があれば良いかというと、決してそうではない。医師が診きれない、病院が対処しきれない部分を、私たちがカバーする。その範囲は決して狭くはないはずだ。

にも関わらず、接骨院・整骨院業界は、今や青息吐息である。収益を上げている院とそうでない院と、確実に二極化が起こっている。「増えすぎた治療院の淘汰」と見ることもできようが、その状況はあまりに過酷に過ぎる。

資金もノウハウも豊富なところはいい。好立地に次々と分院展開でき、十分に教育された良質のスタッフを、それも必要な人数だけ確保している。もちろん集客も怠りない。

一方、伸び悩んでいる院では、知識を身につけたくても、その時間がない。集客にかけられるコストも大きな負担となる。こうして二極化は進み、固定化されてしまう。そして経営の苦しい院の中にこそ、患者さんを想い、地域に根ざした治療を行おうとする志を持つ先生が多数おられる。だがこのままでは、彼らは経営的なノウハウを持たないがゆえに消え去っていく運命にある。これは地域のため患者さんのため、何よりも今後も続いていく柔整師業界のために、決して好ましいことではない。

このままではいけない。業界を変えなくてはいけない。

私がコンサル活動を始めた大きな理由が、まさにここにあるのだ。

治療は患者さんに力を与え、痛みを癒す仕事だ。ならば私たち治療家には、人に与えられるだけの余裕がなくてはいけない。精神的にはもちろんのこと、経済的にも豊かであるべきだ。治療家が貧してしまったら、患者さんから治療を通じて「奪う」ことにもなりかねない。それは治療家としてあるべき姿では決してない。

治療家は豊かであるべきだ。もしも今、貧しているのなら、これから豊かになるための努力をすべきだ。そして豊かになって、余裕のある中で患者さんに接し、力と癒しを与え続けるべきだ。

それこそ、治療家の本来の姿だと私は信じている。

第四章

疑問を解決！
自費移行
Ｑ＆Ａ

Q. 自費移行したいのだが、どうしたらいいだろうか？

A.

セミナーでもよく聞かれることだが、これは非常に答えに困る質問だ。なぜか？それは、自費移行することで「何をどう変えたいのか」という、あなたの具体的な目的が見えないからだ。これではアドバイスのしようがない。

あなたは、保険診療から自費診療に移行したいと考えている。少なくとも保険診療の比重を減らしたいと思っている。それは、保険診療のグレーな部分……私ははっきりと「ブラックな部分」と言っているが、そうした部分に嫌気が差しているからだ。手間ばかりかかる。入金が遅いし、不支給も増えている。自分のやりたい治療ができない。腕を上げても、それに見合った料金設定ができない。忙しいばかりで、ちっとも利益が上がらない……。このような現状に、あなたは大いに不満を感じているはずだ。そして、この現状を変えたいと思っているはずだ。

では、どのように変えたいのか。あなたはどうなりたいのか、どうありたいのか。まずは、そこをじっくり考えてほしい。

自分のやりたい治療をやりたい、レセプトやら何やらの作業から解放され、治療に打ち込みたい、保険関連の不安や心配といったストレスを解消したい。

もちろん「収益を上げたい」というのは最大級の理由だろうし、また「収益を上げてどうしたいのか」という、さらにその先の話にもつながっていく。

多店舗展開をしたい。自分の時間を増やして、家族と旅行にでも行きたい。あるいは、その時間を使って治療や経営の勉強をしたい……。人によってさまざまな、自分の理想像があるだろう。

自費移行して、あなたはどうしたいのか。どうなりたいのか。まずそれを深く深く考えていただきたい。そうすれば、「そのためにどうするか」という最初の質問にも、おのずと答えが見えてくるはずだ。

Q. 整骨院を開業する時、自費診療のみで始めた方がいいのか？

A.

これから自院をオープンするというときに、最初から「自費診療のみ」としたほうが良いのか。それともまずは保険診療から始め、その後に自費診療に移行していくのが良いのか。確かにこれは迷うところだろう。

私の結論からすると、これはどちらでもいい。最初から自費でやるにしろ保険から移行するにしろ、やることは同じなのだ。

「でも最初から自費のみだと、集客が厳しいのでは？」

そんな不安もあるかもしれない。だが自費での新患を増やすことは、実はそれほど難しいことではない。ターゲット次第だ。

まず、自費診療を希望する患者さんは、どんな人たちなのか……ターゲット層をしっかり想定する。そしてそのターゲットに対するマーケティングをしっかり行うことだ。

たとえば、治療料金を一分あたり一二〇円とすると、四〇分で四八〇〇円。これだけあれば、院の運営は安定してくる。では「四〇分で四八〇〇円」という料金を支払ってくれるのは、どんな患者さんだろうか。どうすれば彼らは来院してくれるだろうか。そこでどのような価値を提供するのか。それをしっかり考え、行動することだ。

具体的な方法はいろいろだが、正しい知識と正しい行動があれば、集客はできる。

保険診療でも自費診療でも、それは同じだ。私自身の経験でいえば、保険診療を行っていた時期と完全自費に切り換えた時期とで、新患の比率は七〇~八〇%で、ほとんど変わっていない。

自費診療を扱うときに障害になるのは、集客よりもむしろあなたの心の中に潜む、メンタルブロックやマインドセットなのだ。これを外していくことのほうが、集客よりも難しく、しかも重要である。

Q. 広告費が出せないのだが、どうにかできないか?

A.

何でもそうだが、ビジネスを行うときは広告がつきものだ。広告もせずにお客が増えて大いに儲かる、などということは、あるわけがない。

ところが治療家の多くは、そうした考えを持っていない。家賃や光熱費、スタッフの給料に目を光らせ、また高価な治療機器をリースで導入したりするわりには、広告費について考えている人はとても少ないし、そもそも「広告費をかける」という意識すら希薄であったりする。

これは歴史的な事情もあるだろう。接骨院・整骨院業界には、黙っていても患者さんが押し寄せてくる時代があった。こちらからアピールせずとも新患はどんどんやって来たのだ。だから広告告知という概念が育たない。

だが、そうした幸福な時代はすでに遠い過去のもの。残念ながら現在はまったく事情が違うので、まずそれを頭に入れておいてほしい。

さて、そのうえで考えてみたいのだが、たとえば一ヶ月あたり一万円を広告費に割くことはできないだろうか？

一万円あれば、たとえばポスティング用のチラシを二〜三〇〇〇枚は刷れる。それを休みの日や診療時間の前後などに配布して回るだけでも、かなり違うはずだ。もしもその一万円が出せないというのなら、バイトをする。これで広告費を作るのである。私の知人にも、深夜のスーパーやコンビニでバイトをして、広告費を捻出したという院長は何人もいる。さして難しいことではないはずだ。

それにここまでやれば、チラシのコピーを作るのにも力がこもる。必死であれこれ考えて宣伝文句を練り上げ、作り上げたものなら、それは反響に結びついていく。

広告費がないなら広告費を作り、さらにとことん手間と頭を使う。こうした経験は、ある意味トレーニングにもなるだろう。

コストも労力もかけずに集客し収益を上げるなどという魔法のような方法は、ない。そして院の運営において、広告は必須のものだ。これはすべての治療家の皆さんに、しっかりと認識していただきたい。

Q. チラシの反応率はどのくらいあればいい？

A.

一般的な目安ではあるが、チラシの反応率は〇・一％といわれている。たとえば三〇〇〇枚まいたとして、来院するのは三人というわけだ。

私のクライアントさんのケースで、今までの最高値では約〇・八五ということがあった。三〇〇〇枚まけば二五人からの来院があるという計算で、毎回これほどの反響があれば、それこそ左うちわだろう。だがそれはあくまでもレアケース。通常は〇・一％にも届かない、というのが実情だ。

確かにチラシをまくときに、この反応率はとても気になる数値だろう。どれくらいの来院者が見込めるかの目処は欲しいし、あまりに反応が鈍いならば、広告のしかたを考え直す必要も出てくるかもしれない。

だが、この反応率の数値ばかりを気にするのは良くない。木だけを見ずに、森全体を見ることが大切だからだ。

そもそも、広告の一環としてチラシをまくのは何のためだろうか？ それは新患を呼び込むためだ。ではなぜ新患が欲しいのか？ 売上を上げるためである。となると、チラシの反応率がどうであれ、売上が上がればそれで良し、ということになる。

チラシの反応率というのは、そのチラシによって何人の患者さんが来てくれたかという比率を表す数値だ。たとえばそれは「三〇〇〇枚まいて一〇人」であったり、あるいは「三〇人」であったりする。これらふたつのケースには、反応率でいえば三倍の開きがある。

だが大切なのは、その患者さんがどれだけ売上に貢献してくれたのか、ということだ。

年間会員に入会してくれた。回数券を購入してくれた……。チラシによって集客できた新患の絶対数が少なくても、その多くがこうした形で売上に貢献してくれたなら、それはチラシの反応率以上の成果を上げたことになる。そこまで考えないと、広告のやり方はなかなか見えてこない。

チラシの反応率はあくまでも、広告のごく一部のプロセスを表現する数値に過ぎない。そこで集客した新患をどのように誘導し、売上に結びつけるか。全体像を見渡しながら戦略を練ることが大切だ。

Q. 保険は、将来的にはなくなってしまうのだろうか?

A.

これは私が学生だった頃から言われ続けてきたことだ。そして先々どうなるかという点については、「なくなる」「いや、なくならない」と、相反する意見が当時からあった。

柔道整復師による保険診療がなくなるかどうか。これは誰にも断言できないことだ。この先、行政がどのような判断をするか判らないし、それを明確に予測することもできない。だがここ数年の行政の動きには、私たちにとって好ましい材料は何もない。保険診療に関する手続きはいっそう煩雑になり、申請した書類が突き返されるケースが増えている。これはもう、嫌がらせに近い。あるいは「頼むから、もう保険を使わないでくれ」と懇願されているような気さえする。接骨院・整骨院が保険診療を行うことを、行政は明らかに歓迎していないのだ。

確かに、現在の保険制度とその財政を考えてみれば、行政側が締めつけに走るのも理解できる。日本の健康保険制度がいかに財政破綻を来しているか、すでに業界人ならずともよく知られたことだ。その財政難をどうやって乗り切ろうかと考えれば「出費を抑える」つまり保険からの支払を絞る、保険診療そのものを押さえていくというのが最も効果的だ。つまり私たちに対する締めつけが厳しくなっているというのは、行政側にとっては当然の行動だということができる。

実際に柔整師に保険を使わせないようにするためには、関連法規の改正が必要だし、それは決して簡単なことではない。だがあれこれの方策を用いて、治療院が「もう保険は使っていられないな」と音を上げるように仕向けることはできる。まさに今、そうした状況になっているのではないだろうか。

いずれにせよ、保険診療に明るい未来を見出すことは難しい。それなら、早いうちに自費診療への移行を考え、実践したほうが得策だと思うのだ。

Q. どうしても値上げできないのだが？

A.

これもよく聞かれる質問だ。保険診療の患者数がある程度あると「本当に保険診療を切り捨てていいのか？」という思いが脳裏をよぎる。その思いには二つの側面があり、ひとつは「保険の売上を切りたくない」という数字の面、もうひとつは「保険の患者さんを見捨てたくない」という気持ちの面だ。

数字の面については、すでに本文で詳しくお話ししているので割愛する。問題は気持ちの面だ。

保険で治療を受けに来ている患者さんがたくさんいる。彼らに自費診療を強いることは、どうにも申し訳なくてできない。だから、値上げできない。……なるほど、気持ちはよく判る。

だがよく考えてみてほしい。あなたは自費への移行を考えている。そうしないと、収益を出せないからだ。今のまま値上げをせずにいたら、あなたの院は確実にピンチに向かっていく。それが三ヶ月後か半年後かは判らないが、それこそ存続の危機が訪れる。もちろん、あなた自身の生活費も出てこない。

そんなとき、保険診療の患者さんたちは、あなたを助けてくれるだろうか？ 院の存続のために、お金を出してくれるのだろうか？

「院がつぶれてしまったら大変だ、このお金をお使いなさい」

そう言ってまとまった金額を用立ててくれる患者さんがいるのだろうか？

いるわけがない。

あなたが生活に困窮しようが、院がつぶれてしまおうが、それは患者さんには関係のないことだ。「ああ、あの治療院、つぶれてしまったか」そう言って別の院へ行くだけである。当たり前のことだ。

だからあなたは、自分の責任で院を運営していかねばならない。もちろん、あなた自身と家族の、現在と将来にわたる生活も含めてのことだ。

多くの場合、私たちには退職金が用意されていない。ならば日々の生活費はもちろんのこと、老後の生活費も今のうちに稼いでおく必要がある。自分の体が動くうちにだ。それを思えば「値上げできない」などというセリフは、どこをどう押しても出てくるわけがないのである。

自分のケツは自分で持たねばならない。それができないなら、悪いことは言わない、今すぐ院をたたみ、他の仕事に就くべきだろう。公務員なら最善だが、会社員でもいい。月々の収入とともに、老後の生活も保証された職業に転職することを強くお勧めする。

Q.

外傷の場合、どうすればいい？

A.

外傷を自費で診ていいのか、その場合どうするのか？　よく聞かれることである。私の院では外傷の患者さんは「月に一人、来るかどうか」という程度だが、来院があれば自費で診る。

これは外傷を「自費で診るか保険で診るか」と考えるよりも、それ以前に「自費と保険とで、「どのような違いがあるか」を考えるべきところだろう。

外傷を保険で診るとなると、たとえば電気だけ、あるいは固定だけという具合になり、治療範囲はかなり限られてしまう。まあ当たり前のことではあるのだが、これが保険診療の限界だ。

ところが自費となると、治療の範囲は一気に広がる。損傷部位の治療だけでなく、それによって負担がかかるであろう他の部位をサポートしたり、またトレーニングを併用するなど、プラスアルファを乗せられるのだ。外傷で接骨院にやってくる患者さんはスポーツマンやアスリートが多いだろうから、これらの付加価値をつけることで「回復スピードが二倍早くなる」「ケガによるパフォーマンスの低下を防ぐ、あるいはそれ以前よりも高められる」など、患者さんへのメリットを提供することができる。

私の場合、以前は超音波を導入して自費の患者さんに使うこともあった。それによって保険では出せないメリットを生むことができれば、患者さんは喜んで「自費でお願いします」ということになるだろう。

これは外傷の治療だけに限った話ではなく「自費か保険か」を考える場合の重要課題になる。患者さんが支払う対価以上のメリットを、いかに生み出し、提供するか。

そしてそれを、いかに患者さんに理解してもらうか。それが肝要だ。

Q. 整骨院か整体院か、どちらが良いのか？

A.

整骨院と整体院。単純にどちらで登録するのがいいのかということだが、ここで考え込む人は意外と多いようだ。広告規制の問題があるためである。

すでに皆さんご存じのように、整骨院として登録すると柔道整復師法による広告規制を受ける。好き勝手に広告活動をするわけにもいかず、違反すれば三〇万円からの罰金が待っている。一方、整体院として登録すれば保健所の管轄から離れ、いわばフリーな立場になれる。保険診療をやるならともかく、自費でいくなら整体院のほうが何かと気楽で、自由にできるはずだ……。

ところが、話はそう簡単には終わらない。

ここを甘く考えている人が多いように思うのだが、たとえ整体院として登録したとしても、各種も法規制を受けることに変わりはない。保健所を離れ、柔整師法のくくりから離れたとしても、「何でもできる」というわけではない。何らかの法の縛りは必ずある。

たとえば景表法（景品表示法）、医師法、薬事法……これらいろいろな法律が絡んでくるし、それが広告表現にも大きく影を落とす。施術の内容は用語ひとつまで厳しい規制があるし、根拠があやふやな記述や体験談、ビフォーアフターの掲載など、突っ込みどころはいくらでもある。こうしたことを問題視され、消費者庁からの警告や注意勧告を受けた整体院も実際にあると聞く。

私はこれらの法律については専門家ではないので、あまり軽々しいことはお話しできない。ただ、こと広告に関していえば、整骨院であろうと整体院であろうと、何らかの法的規制に縛られることは間違いない。その点はしっかり認識しておくべきだろう。

こと法律に関しては、後になってから「知らなかった」では済まされない。決して安易に考えず、「大丈夫だろう」程度の判断で行動しないことだ。

まずは正しい知識を身につけ、判らなければ弁護士などの法律の専門家に相談する。そのうえで行動するようにしてほしい。

Q

自費の話をすると断られてしまうのだが？

A.

来院した患者さんに自費診療の話をすると帰られてしまう、治療を受けてもらえない。あるいは、最初は治療を受けてもらえるのだが、後が続かない。

保険から自費への移行の過程では、こうしたことがよく起こる。そのため「やっぱり、自費は難しいのかな」「保険診療を切るのは無理だな」という心理に陥りやすい。だがそこには大きな勘違いがある。

自費の話をすると、患者さんが帰ってしまう。こんなとき、まず確認していただきたいことがある。それはあなたの院の入口なり看板なりに、こんな文言が掲げられていないだろうか？

「各種保険・労災取り扱い」

おそらく例外なく、こうした表示を出しているはずだ。そしてその表示を見て患者さんは「ここは保険が使えるのだな」と思って来院する。ところがいざ治療を受けようとすると「いや、それは自費診療になるんです」と言われてしまう。「なんだ、全部保険でできるんじゃなかったのか」と、ガッカリして患者さんは帰ってしまう。

患者さんの側から見れば当たり前のことなのだが、そこに気づいていない院長はかなり多いようだ。

だから自費診療への移行を考えるのなら、まず第一にこの表示を外すことだ。これがある限り、「保険でお願いします」という患者さんがいなくなることはない。入口のドアや看板、さらにホームページにも記載されているなら、すべて取り去ってしまうことだ。

そこまでやって初めて、自費診療への移行が始まると思っていただきたい。

Q. 自費の料金設定を、どう考えたらよいか？

A.

保険診療なら点数という形で料金が決まっているから、悩まずに済む。ある意味で楽なものだ。だが自費となると、院長自身が料金設定をしなくてはいけない。

モノやサービスの対価はそれを生み出すためのコストや、需要と供給のバランスで決まる。だからある程度の相場というものがある一方で、地域差というものもある。

いちばんいいのは、あなたの院の周辺にある競合院で、あなた自身が施術を受けてみることだ。どんな治療を、どれくらいの時間をかけて、いくらで提供しているのか。実際に調べてみるのである。

内容はそこそこだが、料金も抑えめ、というところもあるだろう。逆に盛りだくさんの内容で、それなりの料金を設定しているところもあるはずだ。あるいは時間は短め、料金は高めだが、他では受けることのできない独自の治療を行う、という院もあるかもしれない。

近隣の競合がどのような方針で院を運営しているのか、まずリサーチをしたうえで「ではウチはどうするか」と考えれば、料金設定であまり悩まずに済むはずだ。

理想をいえば「独自治療を提供することで単価を高く設定する」というスタイルが、自費診療には相性がいい。

ともあれ、治療家というものは、とかくお金のことに不慣れである。自分の技術を高めたり、よりよい治療を提供して患者さんに喜んでもらおう、という方面には熱心なのだが、それらとセットで考えなくてはならないはずの「料金設定」について、驚くほど無頓着であったりする。

だが自費移行を真剣に考えるなら、そこを避けるわけにはいかない。むしろ最も大事なところだということは、肝に銘じておくようにしたい。

Q. 自院ならではの特徴をどうやって出せばいいのか？

A.

他にはない特殊な治療を行っていたり、ゴッドハンド級の治療技術を持っていたり。このような突出した特徴があれば、競合との差別化は容易だし、高めの料金設定もやりやすい。患者さんも納得して来院し、喜んでお金を払ってくれるだろう。

だがこんなことができるのは、ごく一部の治療家だけだ。大多数の院長は、自院ならではの特徴や売りを、どうやって出そうかと知恵を絞っているはずだ。

これにはいろいろなやり方があるが、私が自費移行の過程で用いたのが、「独自治療の導入」だった。インナーマッスルマッサージと鍼灸、それに骨格矯正を組み合わせ、患者さんの希望や状態に合わせて適宜組み合わせた治療を行う、というもの。この治療に「わかば式治療法」と名付け、当院の独自治療として打ち出したのである。治療家の側から見れば、この治療法そのものは決して目新しいものでも、珍しいものでもない。鍼灸ができる先生ならば、誰でもできるものだろう。だが「患者さんの希望と状態に合わせて」というところがポイントになる。

患者さんはなかなか欲張りだ。マッサージは気持ちいいし、鍼灸はいかにも効果がありそうだ。骨格矯正をしてもらったら、あちこちの体の痛みも取れるかもしれない。一度に全部やってもらいたいけれど、そうなると時間もお金もかかる……。そこをすくい上げたのが、この「わかば式治療法」だったのだ。

それぞれの治療を、均等に。あるいはマッサージを念入りにして、軽く骨格矯正を。自由度が高く、患者さんのその時の気分や状態によって治療の内容を変えられる。それは患者さんにとって大きな魅力であり、メリットだったのだ。

他院との差別化を考えるとき、私たちはどうしても治療家の目で見て、治療家の頭で考えてしまう。だが視点を変えて「患者さんが嬉しいと思うのは、どんなことだろう?」という発想で考えていくと、意外なアイデアが出てくるものだ。

患者さんのメリットになる自院の特徴を打ち出し、差別化を図ろう。

Q. 経営は落ち着いているが、それでも保険は切るべきか？

A.

保険と自費を併用していて、それなりの収益があり、経営も安定している。つまり「今すぐ自費移行しなくては！」という必然性がない。それならわざわざ変化を求めるまでもない、という考え方は当然ある。ここは院長の経営判断次第だろう。

ただ、ここ数年の私たち柔整師に対する保険絡みの環境変化を考えると、これから先、私たちにとって良いことが起こる気がまったくしないのだ。

保険請求の手続きはますます細かく、複雑になり、手間と時間ばかりがかかる。患者アンケートが頻繁にあり、また何かと理由を付けられて請求書類が送り返されてくる。そのたびに支払期日が延び延びになり、それどころか「不支給」という事態も起こる。二年に一度の療養費改定は、締めつけがきつくなる一方で、この傾向が変わる匂いはまったく感じられない……。

このような状況では、整骨院・接骨院は遠からず保険診療ができなくなってしまう。私自身はそうした危機感を持っているし、もしそのような事態が現実化してしまったら、その時になって慌てても遅い。

現状で院の経営が安定しているのなら「今すぐ自費にしなくても……」という判断もアリだ。だが遠からず自費移行しなくてはならない状況がやってくるとしたら、今のうちから手を打っておいたほうがいい、と私は思っている。

Q. **治療家は技術で売るべきだと思うのだが、間違いだろうか?**

A. まったく正しいと思う。これっぽっちも間違っていないし、それこそ治療家の本道であり、王道だろう。

だが問題なのは「その技術をいくらで売るのか?」という点だ。そこのところを、実に多くの治療家の方々が理解していない。

私たち治療家は技術者だ。一般の人々が持っていない「治療技術」というものを持っている。そのレベルはさまざまだ。学校を出たばかりでまだまだ経験不足の治療家もいれば、あらゆるケースを経験したツワモノもいる。非常に特殊な技能を持つ治療家もいるし、ありとあらゆる幅広い治療法を身につけている人もいる。

そうした「腕の違い」に対して、どのような差をつけるべきか。答えはただひとつ、治療料金の差である。

保険診療の場合、治療の内容によって料金が決まる。下手くそがやろうと名人上手がやろうと、料金は同じだ。だが自由診療は違う。腕の良い治療家ならば、それだけの料金を設定してしかるべきだ。逆にそうしないと、それ以下のレベルにいる治療家たちが値上げしにくくなってしまう。実際、かなり腕の立つ治療家が不釣り合いなほどの安い料金で治療しているケースは多い。値上げを勧めても「いや、僕の師匠より高い料金設定はできない」という答えが返ってくる。これでは業界全体のためにもならない。

治療家は腕で売っていくべきで、そのために腕を磨く努力を続けるのは当然のことだ。そして腕を上げたならば、あるいは新たな技術を身につけたならば、それを料金に反映しなくてはならない。それをせずにいると、あなた自身はもちろんのこと、業界全体の首を絞めていくことにもなりかねない。そのことは、しっかり認識しておくべきだと私は思う。

Q. 自費に移行したいのだが、妻が反対している

A.

よくある話なのだが、「どうすればいいか?」と聞かれても、私には何とも答えようがない。夫婦は一蓮托生なのだから、話し合って決めてください、ということになる。

身も蓋もない言い方になってしまったが、変化を求めて足を踏み出すとき、それを押しとどめ、現状を維持しようとするベクトルは必ず発生する。自分自身の心の中でそれが起これば「不安」として感じられるし、自分以外の周囲で起これば、いわゆる「ドリームキラー」として現れる。

このドリームキラーへの対処のしかたはあれこれとあるのだが、その前になぜ奥様が反対するのか、そこをもう少し考えてみたほうがいい。

たとえばあなたの院運営が安定しており、順調に収益を上げ、生活に困ってもおらず、将来的な不安もないというのなら、それは奥様の反対はもっともだろう。現状が安定しているのなら、あえて危険を冒して変化を求める必要はない。

「でも、もっともっと稼ぎたいじゃないか」

「欲張りすぎてケガをするより、安定のほうがいい」

結局はこの二つの意見のぶつかり合いなのだから、お互いがきちんと話し合って答を出すしかないと思う。

だがあなたの院運営が厳しく、このままでは遠からず身動きできなくなってしまう……そんな状況なら、話はずいぶん変わってくる。つまり「動いたら終わるかもしれないが、動かなくても終わる」というのがはっきり見えている状況だ。こうなると座して死を待つよりも打って出ろ、ということになるし、そのためには奥様を説得して、納得してもらうしかない。

いずれにしても、夫婦は運命共同体だ。相手の意見を無視して一人で突っ走ると、院運営には成功しても、家庭が崩壊しかねない。十分すぎるほどに話し合い、理解しあうことが大切だと思う。

Q. 値上げのタイミングをどこで測ればいいか?

A.

おおよそ「稼働率七〇%、スタッフ一人につき新患二〇人」を目安にするといい。

稼働率七〇%というのは結構な忙しさで、これ以上患者さんが増えたら手が回らないかも……という危機感を感じるレベルだ。その時点で値上げをすることで一時的に患者さんを減らし、スタッフの手を空けるとともに患者さんの選別を行うわけだ。

新患二〇人というのも同様の考え方だ。まずは新患を増やす。この時点では、良い患者さんもそうでない患者さんも一緒くたである。そうして新患が増えていって、スタッフ一人につき二〇人に届くところで、値上げをする。そして患者さんの入れ替えを図る、というわけだ。

ただし、値上げは常に集客とセットで考えなくてはならないし、院に閑古鳥が鳴いている状態で値上げをしたのでは、自ら破滅を呼ぶことになる。まずは新患を増やし、それがある程度の成果を出したところで値上げに踏み切ることだ。

Q. 値上げ幅はどれくらいが良いのか？

A.

これは本文でもお話ししているが、目安としては二〇％程度が適当だと思う。金額にして数百円というレベルだ。

値上げには自費移行への第一歩という面とともに、患者さんの入れ替えを図るという面もある。だからある程度の患者さんが離れていき、ある程度は止まるというラインに設定するのがいちばんで、その目処となるのが「現状から二〇％アップ」というわけだ。

値上げ幅が小さすぎると患者さんの負担感が少なく、そのため入れ替えが進まない。といってあまり一気に値上げしてしまうと、患者さんのショックが多くなりすぎる。それでは、残ってほしい優良患者さんまで去っていってしまう。そうならないような料金設定にしなくてはいけない。

もうひとつ、値上げするときには必ず何かしらの理由が必要だ。それは患者さんが納得できるものでなくてはならない。「諸物価高騰のため値上げいたします」では、まず通用しない。それなりの、明確な理由が必要だ。

とはいえ、そこは心配しなくても大丈夫。いろいろと策はある。

いちばん使い勝手が良いのは「より良い治療を提供するため」というものだろう。

……患者さんが多く、治療側のキャパシティを圧迫している。このままでは満足のいく治療が行えなくなる恐れがある。そこで真剣度の高い患者さんを優先するため、値上げさせていただく。

また、新しい治療機器の導入や、技術研修による治療技術の向上のため……というのも、値上げの理由としては理解されやすいはずだ。値上げは院側の事情ではあるが、それは患者さんの利益のためなのだ、ということが明確であれば、問題にならない。

Q. 思うように患者さんが来てくれないのだが?

A.

「患者さんが来てくれなくて……」今のご時世、こんなボヤキをあちこちで耳にする。だがボヤいているだけでは何も解決しない。ここは頭を使って、あれこれ考えるべきところだ。希望的観測だけで物を見て、頭を使わず手も動かさずでは、どうなるものでもない。言葉が少々きついのは、過去の私自身への反省のためである。

さて、気を取り直して考えてみよう。

まず「患者さんが来ない」というのは、集客ができていないということなのか。それともリピートしてくれないということなのか。もし前者であれば、集客のやり方を考えてみる必要があるし、後者であれば「なぜリピートしないのか」を考えなくてはならない。

集客ができていないのならば、広告の方法がまずいのか、内容に問題があるのか、あるいは広告の頻度やタイミング、量が適当でないのか。これらすべてについて検討することが必須だ。

リピート率が低いというなら、その原因を突きとめなくてはならない。実はここにもデータに基づいた明確な理屈があって、「初回の治療だけで終了」した患者さんと「三回まで治療を受けて終了」した患者さんとでは、リピートしなかった理由が違っていたりする。つまり、新規来院の患者さんのリピートの分布を分析することで「なぜリピートしないのか」の理由を明らかにすることができるのだ。

このように、頭と手間と時間を使えば、いろいろな問題を深掘りし、その原因を突きとめることができる。「患者さんが来ないなぁ」「でも、そのうち繁盛してくるだろう」などと呑気に構えていては、何も変わらない。まずは自分の頭で考え、動くことだ。自分で考えて判らなければ、人の知恵を借りてもいいだろう。とにかく動かなければ何も始まらないし、変わりもしないのだから。

Q. **移行する以上「一〇〇％自費」をゴールとすべきだろうか？**

A. これはイエスともノーともいえる質問だ。それは「なぜ自費移行したいのか」という、そもそもの理由が絡んでいるためだ。

本文でもご紹介したが、私が自費移行に踏み切ったのは、収益を上げるためだった。当初から「一〇〇％自費診療」を目指していたわけではない。その後、値上げと集客を繰り返し、収益を大幅に上げることができたが、その後に保険関係の手続きに煩雑さとストレスを感じるようになった。そこで「だったら保険診療などやめてしまおう」ということになり、最終的に完全自費の状態になったのである。

おそらく、私と同じプロセスをたどる治療院は多いのではないかと思う。保険も自費も扱ってはいるが、自費診療の比率が少なく、そのために利益が上がっていかない。だから自費の比率をもっと上げにかかりたい……。こういうことであれば、最初から「一〇〇%自費」を目指すこともない。まずは自費の患者さんを増やしていって、その中で次の方針を立てていくのもいいだろう。

また逆に、保険診療を一切扱わず、自費診療のみという形態になったとしても、それで院の経営が不安定になってしまっては本末転倒だ。「一〇〇%自費」という形ばかりを追求してしまったばかりに、本来の目的である経営の安定がおろそかになってしまった例である。

まずは振り出しに立ち返り、「なぜ自費診療に移行するのか」をあらためて考えてみるといい。収益を上げるためか、自分のやりたい治療を行うためか、競合との差別化のためか、保険関連のストレスを取り除くためか。そこを押さえておけば、自院にとってどのような形態がベストなのか……つまり自院の目指すゴールがどこにあるのか、はっきりと見えてくるはずだ。

Q. 売上目標を、どうやって設定すればいいか？

A.

現在あなたの治療院が赤字続きであるなら、まず採算が取れるレベルにまで収益を上げなくてはならない。もろもろの経費を支払い、あなた自身が安定して生活していくために、毎月どれほどの収益が必要なのか。まずはそこが最低ラインになる。

そこから先の目標については、これはもう人それぞれだろう。ただ、目標は少々高めのほうが気合が入るし、アイデアも出てくる。だから「これならなんとかクリアできそうだな」というレベルに設定するのは、あまりよろしいことではない。

私が設定したのは「六ヶ月後に売上四倍以上、二五〇万円」というものであったが、正直いって達成できるかどうかは未知数だった。だがこうした目標を設定し、しかもそれを人前で公開したとなると、もう引っ込みがつかなくなる。だから必死で努力するし、ひたすら体を動かして働き、知恵を絞って考えて、なんとかクリアする方法を見つけようとする。そしてそうした動きが、現実の数字になって表れてくる。

目標設定というのは筋トレと同じだ。自分自身により大きな負荷をかけ、それを跳ね返すことで力がついていく。あまりに大きすぎるのは現実的ではないが、負荷が軽すぎるのも意味がない。「これはちょっと厳しいな……」というレベルに設定するのがいちばんだ。

そして目標を設定したら、それを紙に書いて貼り出すなり、周囲の人たちに宣言するなりしてしまおう。そうすればなおのこと、目標達成率は上がるはずだ。

Q. 経営やマーケティングを学びたいのだが？

A.

実に結構なことだ。治療家はこうした分野について、もっと知識を持つべきだし、それ以前に興味を抱いてほしいとも思う。そうでないと院の運営などおぼつかない。

さて経営もマーケティングも、その気になれば勉強できる場所はいくらでもある。基礎的なことならネット上に情報はあるし、関連書籍は数多く発行されている。「経営を勉強したい」「集客の概念を知りたい」など、ごく一般的な知識を身につけたいのなら、一般向けのビジネス書で十分だし、むしろそうしたもののほうが基礎の基礎から学ぶこともでき、有益な場合が多い。

また接骨院・整骨院業界という特定分野での方法論を身につけたいというのなら、私のようなコンサルが主宰するセミナーが有用だ。少々手前味噌ではあるが、こうしたセミナーは実際に治療院を経営する治療家が行っていることがほとんどなので、業界の事情に詳しい。そのため、より実践的なアドバイスが受けられるというメリットがある。

多くは有料だがコースの一部を無料とし、基礎的なコーチングを行っているところもある。探せば意外と多く見つかるので、自分に合ったセミナーを選び、参加してみるといい。きっと目からウロコが落ちる思いをするはずだ。

Q. 集客の手段や方法には、優劣があるのだろうか？

A.

あるといえばあるが、「この方法が良い」と一概にいえるものではない。それぞれの地域やあなたの院の特徴などによって変わってくる。だから毎月ある程度の広告予算がとれるのなら、あれこれ試してみて「どの媒体からの来院が多いのか」というデータを蓄積しておくといい。

なお広告に関していえば、その内容は非常に重要だ。別にきれいな見た目にすることはないが、何をアピールするのかを明確にしておく必要はある。そしてそれは、あなたが治療家として院長としてアピールしたいことであると同時に、患者さん側にとって魅力的なものであることが大切だ。

たとえば、あなたの院が独自の治療を行っているとする。それをアピールするのは良いことだ。「当院では〇〇治療法を行っており、その内容は……」このような文章で自院の治療法を押していく。

だが患者さんにとって重要なのは、治療の内容もさることながら「それによって自分にどんなメリットがあるのか」ということだ。まずそれをプッシュしないと、人は興味をそそられないし、動いてもくれない。「へえ、そんな治療があるんだ」で終わってしまう。そこから先の「これは自分に良さそうだ、行ってみようか」というところにつながらないのだ。

これはマーケティング理論の領域なのだが、およそすべての広告物はこうした考え方から成り立っている。それだけに、マーケティングを学ぶということは院の安定経営のために欠かせないものでもあるのだ。

Q. 近所に競合が増えてきた。自費移行を急ぐべきだろうか？

A.

ビジネスの世界は「早い者勝ち」である。モノでもサービスでも、先に売り出した企業が主導権を握り、業界をリードする。もちろんそこから先は優劣の差によって淘汰されていくことになるが、それでも「まず最初にやり始めた」というのは、大きなアドバンテージである。

接骨院・整骨院業界も、似たようなところがある。この業界では、ここ数年のＩＴ業界のような、目新しい商品やサービスが生まれることはほとんどない。それでも治療のしかたや料金システム、患者さんへのサービスなどについては、まだまだ改善の余地もあるだろうし、新しさを打ち出すことはできる。そしてそれを「地域で最初」に始めた院が、優位に立つことになる。

東京や大阪といった大都市では、競合が激しい。近隣エリアどころか、半径二〇〇メートルの範囲内に何軒もの治療院が建ち並ぶことも珍しくない。こうしたところでは院の生き残りをかけて、厳しい競争が繰り広げられている。そこまでいかずとも、近隣に競合が増えるということは、それだけ自院の売上が減る、ということになる。安閑としているわけにはいかない。これはピンチだ。

だが「ピンチとチャンスは紙一重」という。もしもその競合が、揃いも揃って保険診療ならば、これは「横一列」の状態だ。より多くの患者さんを集めたほうが勝ち、ということになる。しかしそこから一歩踏み出し、自費診療に移行して独自路線を目指したらどうか。それが患者さんにとってメリットのあるものならば、あなたの院は競合との差別化に成功することになる。それも地域で最初に、である。これは大きい。

競合の動きは気になるところだし、増えてくれば自院の売上が落ちやしないかと気が気ではなくなる。だがそれを「自費移行への機会」ととらえれば、災い転じて福となすこともできるのだ。神様がくれたチャンスととらえ、自費移行へと前向きに進んでいただきたいと思う。

Q. 患者さんがリピートしてくれないのはなぜか？

A.

「リピート率が悪い」と悩む院長はとても多い。中には二〇％、一〇％という数字で低迷しているところもある。これでは院の運営は安定しないし、常に新患を集客し続けなくてはならない。まさに自転車操業に陥ってしまう。

「リピーターが増えない」という現象には、明らかな理由があり、それはひとつとは限らない。

たとえば「治療を受けても痛みが取れない」。これは致命的だ。そもそも患者さんは痛みや辛さを取りたいから治療に来るのである。それが実現できなければ、リピートする理由がない。

「スタッフとのコミュニケーションがとれない」。平たい言い方をすれば「あそこの接骨院は、態度が良くない」ということになるが、これも患者さんに嫌われる要因になる。当然、リピートなど望むべくもない。

逆に、院側から見てみると、まったく違った要因が見えてくる。たとえば「集客のターゲット層がズレている」。これは多くの院でありがちなことだ。「誰でもいいから、来てほしい」という集客をしていると、こういうことになる。そうではなくて、リピートしやすい患者さんに狙いを定めて集客をするのだ。

患者さんのリピート率をいかに高めるか、来院した新患をどうやってリピーターに育てるか。このあたりの話は非常に長くなるので、この程度にしておく。だがリピート率は上げたいと思っているだけで上がるものではない。

なぜリピート率が上がらないのか、その原因はどこにあるのか。まずはそこをじっくり考えてみることだ。その上で、打てる手立てを考えてみるといい。

Q. 経営セミナーを受けたいが、その善し悪しが判らない

A.

数年前、自院の経営がいよいよ危うい状態になったとき、私は藁にもすがる心境でいくつかのセミナーに出向いた。中でも経営セミナーで学んだことは基礎的な内容ではあったが、当時の私にとっては衝撃的なものであった。そしてそのベースがあり、

また師匠との出会いがあったから、その後の展開がうまくいったのだとも思っている。

さて、この業界には意外と多くのコンサルがいて、セミナーや講習会が行われている。その内容はいろいろだが多くは開放的で、ウェブでの情報発信をしていたり、無料の「お試しコース」を設定していたりして、気軽に参加できるところがほとんどだ。まずは「良さそうだ」と感じたところをいくつかピックアップして、無料動画を見てみるなり資料請求するなりすればいいだろう。

ただ、院の経営や集客等に関するより深い話を聞きたいとなると、実地に開催されるセミナーに参加しなくてはならない。そうなると開催場所や日時などが重要になるから、事前にそこを確認しておくといい。そのうえで、通いやすいところを選ぶようにすればいいだろう。

またセミナーを受ける目的について、あなた自身がはっきりさせておくことも大事だ。

治療院の経営について全般的な知識を得たいのか、集客を集中的に学びたいのか、自費移行をスムーズに進める方策を知りたいのか。それによって、どのセミナーが適しているかが異なってくる。せっかくお金と時間を使うのだから、あなたの目的に合致した内容のものをセレクトするようにしたい。

いずれにせよ、セミナーに参加すると講師やコンサルから多くを学ぶことができ、同時に参加者同士での交流も行える。得るものは多いので、まずは気軽に参加してみることだ。

Q. 自費移行についてスタッフにも理解させたい

A.

本文でもお話ししているが、院にとってスタッフは欠かせない存在だ。だから自費移行すると決めたら、スタッフ全員にきちんと説明し、理解してもらうことは必須となる。院長ひとりが先頭で旗を振っても、誰もついてきてくれないのでは話にならない。

ただ……これは年齢や経験など、個人の資質によるところも大きいのだが、「雇われ治療師」であるスタッフは、院の運営や経営に対して、概してあまり積極的ではない。

そもそも治療家というものが、経営やマーケティングに疎く、しかもお金の問題を避けようとする傾向がある。立派な自院を持つ院長にしてからがそうなのだから、そこで働くスタッフたち、ことに人生経験の少ない若いスタッフたちにとっては、経営など雲をつかむような話だろう。

だから、一度に理解させようと思わないことだ。少しずつ、ことあるごとに話すなどして、回数を重ねて覚えてもらうようにすればいい。院内で定期的に技術講習を行っているなら、何回かに一度は経営や集客の話をするのもいい。そうすれば「自分の給料を作るためには、何人の患者さんを診ればいいのか」ということも判ってくる。そうした下地を作っておいてから自費移行の話をすれば、彼らもスムーズに理解できるはずだ。

スタッフの理解がないまま自費移行を強行してしまうと、あまり良い結果にはならない。というより、理解が及ばず脱落していく……つまり辞表を出して辞めていく者が出てくる。

そうしたことのないよう、スタッフには時間と手数をかけ、少しずつ理解させるようにするといい。

Q. 広告費はどれくらいかければいいのだろうか？

A.

マーケティングという面から考えると、広告しない商売というのはあり得ない。どのような方法であれ広告は必要で、それには当然ながらある程度のコストも必要になってくる。

だがそれを「どれくらいかければいいのか」という点になると、業種によって違ってくるし、また事業規模によっても大きく変わる。だが整骨院・接骨院は地域密着型のサービス業なのだから、あまり大きな額は必要ない。むしろ「広告費としていくら使えるのか」という点から考えてもいいだろう。

さて「ある程度のコストは必要」とは言ったものの、実はお金をかけない広告というものもある。本文でもご紹介した「患者さんに紹介してもらう」というのはいちばん初歩的なもので、お金をかけずにしかもそれなりの効果が見込める。そこで手応えを感じたら、私がやったような「ご紹介キャンペーン」などを、若干のコストをかけて打っていくのも一法だ。

近所に配布するポスティング用のチラシなどは、二万円もあればA5サイズの両面カラーで二万部近く印刷できる。版下のデータは自分で作らなくてはならないが、PCが得意な先生なら、さして苦労もないはずだ。もちろん実際のポスティング作業は業者に依頼してもいいし、空き時間がとれるなら自分でやってもいい。休日に「患者さんが増えないなぁ」などとボンヤリ考えている時間があるなら、少しでも動くことだ。

多店舗展開をしている治療院であれば、それなりの広告費は必要になるが、一院だけで運営しているのなら、あまり大きな広告費は必要ない。かけたお金に比例して売上がどこまでも上がるわけではないし、そもそも受け入れられる患者数にはおのずと限界がある。

まずは無理なく支出できる額から始めて、反応を見ながら増減していけばいい。どのような広告手段を使うかという点も、検討を忘れずに。

Q. 自費移行はしたいが、どうしても自信がない

A.

私は今でこそこんな本を書き、皆さんに偉そうなことを言ってはいる。だがほんの数年前までは、赤字接骨院を抱え、自費への移行もままならず、右往左往していた。だから、あなたの気持ちはよく判る。

「自分にうまくできるだろうか？」「失敗したらどうしよう？」何かにつけて、このような不安を私たちは感じるものだ。でも落ち着いて考えてみてほしい。日本中にたくさんの整骨院・接骨院があり、そのうち多くの院が自費診療への移行を行い、立派に経営されている。彼らにできることが、あなたにできない理由があるだろうか？

また、あなたはこれまでの人生の中で、大小あわせて数多くの失敗をしてきたはずだ。それでもあなたは、曲がりなりにも治療院の院長として日々の仕事をこなし、患者さんを痛みや苦しみから救い続けている。人間、少々の失敗があったところで、そうそう大事にいたるものではない。命まで取られることなどまずないし、建て直しはいくらでもきく。

そもそも、あなたが恐れる「失敗」とは何だろう？　矢尽き刀折れ、進退窮まることだろうか？　だがそこにいたるまでには、フォローの方法は山ほどある。

たとえば値上げして患者さんが減ったなら、集客すればいいことだ。ポスティングや新聞折込、あるいは地域のタウン誌に掲載するなど、方法は数多くある。私がやったように、数少ない患者さんに声がけをして紹介を頼むこともできる。これならお金も手間もかからない。

自費移行は一発勝負のギャンブルとは違う。成功・失敗が一瞬で決まる、というものではない。移行していく過程で小さな失敗がいくつかあったとしても、いかようにもフォローはできる。またそうした失敗があると、あなた自身の真剣度が上がる。どうしようかと必死に考え、その中から意外なアイデアも出てくるものだ。

自信がないのは誰でも同じ。むしろ自信満々のほうが、油断から落とし穴に落ち込みやすい。

「案ずるより産むが易し」

昔の人はうまいことを言ったものだと、心底思う。

Q. コンサルの言う通りにしていて、大丈夫だろうか？

A.

コンサルである私にこのような質問もどうかと思うが、大丈夫かと聞かれたら、あなた次第ですとしか答えようがない。コンサルはあくまでアドバイザーであって、そのアドバイスを実践するのはあなた自身だ。コンサルが描いた画の通りにあなたが動かなければ、期待した結果は得られない。

またコンサルは結果を保証しない。だから「私の言う通りにすれば、誰でも必ず成功します！」などと断言することもない。すべてはあなた次第である。

だがコンサルは私も含めて、人にアドバイスできるだけの知識と見識と経験があり、ノウハウも豊富に持っている。状況を客観的に分析して判断できる冷静さも持っている。だからこそコンサルとしてやっていけるのだ。そのアドバイスが何の役にも立たないなどということは決してない。そこは安心していい。

ただ、それでもあなたが「大丈夫なのか？」と不安を感じるようならば、そのコンサルからは離れたほうがいい。コンサルとクライアントは何よりもまず信頼感でつながるものだし、そこに疑心が入り込むと、決して良い結果を生まないからだ。

過去、私が自院の経営に苦しんでいたとき、今も私が「師匠」と呼ぶ、ひとりのコンサルに出会った。師匠は私の状況をしっかりと理解してくれたし、私は全幅の信頼を寄せることができた。だからこそ「この人の言う通りに動こう、自分の意志は封印しよう」という気持ちになれたのだし、そのおかげで院の建て直しに成功し、さらにコンサルとしての活動を始めることもできた。

すべては、お互いの信頼感から始まったことだ。

あなたは自院の経営を左右する重要な判断を、コンサルに委ねることになる。コンサルはそのあなたの要望に、どこまでも応えようと努力する。そこには強固な信頼関係が必要だ。あなたが全幅の信頼を寄せられる、頼れるコンサルを選ぶべきだろう。

それが私であったなら、私にとっても嬉しいことだ。

著者略歴

細谷隆広

（ほそや・たかひろ）

柔道整復師、鍼灸師。
2009年、千葉県・八千代市内に「わかば整骨院」を開業。
直後から年収が100万円を切る苦しい経営を続けてきたが、
2年後にマーケティングの概念を知り、実践。
約6ヶ月後に月商257万円まで伸ばした。
その後、約1年で完全自費移行を果たし、月間売上500万円超を達成。
現在は自身の経験をベースにしたコンサル活動を展開。
You Tubeでのアドバイス動画配信のほか、
セミナーや個別相談を通じて多くの治療院の経営改善に関わる。
整骨院自費移行推進協会 主宰。

整骨院自費移行推進協会 で **検索!**

整骨院自費移行推進協会

http://整骨院自費診療移行.com/wakaba/

You Tubeチャンネル

https://www.youtube.com/channel/UCpnmh93v8bG0UV3_YQmWcIQ

整骨院・接骨院
完全自費移行戦略マニュアル
どん底院長が実践した接骨院再建テクニック

2017年3月30日　第1刷発行
2018年4月10日　第2刷発行

著　者　細谷隆広《ほそやたかひろ》

発行者　太田宏司郎
発行所　株式会社パレード
大阪本社　〒530-0043　大阪府大阪市北区天満2-7-12
TEL 06-6351-0740　FAX 06-6356-8129
東京支社　〒150-0021　東京都渋谷区恵比寿西1-19-6-6F
TEL 03-5456-9677　FAX 03-5456-9678
http://books.parade.co.jp
発売所　株式会社星雲社
〒112-0005　東京都文京区水道1-3-30
TEL 03-3868-3275　FAX 03-3868-6588
装　幀　遠藤未来（PARADE Inc.）
印刷所　創栄図書印刷株式会社

ISBN 978-4-434-23078-3　C2034